近代区域文化系列

重庆史话

A Brief History of Chongqing

隗瀛涛　沈松平 / 著

社会科学文献出版社
SOCIAL SCIENCES ACADEMIC PRESS (CHINA)

图书在版编目（CIP）数据

重庆史话/隗瀛涛，沈松平著.—北京：社会科学文献出版社，2011.8
（中国史话）
ISBN 978-7-5097-2514-6

Ⅰ.①重… Ⅱ.①隗…②沈… Ⅲ.①重庆市-地方史 Ⅳ.①K297.19

中国版本图书馆 CIP 数据核字（2011）第 131404 号

"十二五"国家重点出版规划项目

中国史话·近代区域文化系列

重庆史话

著　　者／隗瀛涛　沈松平

出 版 人／谢寿光
总 编 辑／邹东涛
出 版 者／社会科学文献出版社
地　　址／北京市西城区北三环中路甲 29 号院 3 号楼华龙大厦
邮政编码／100029

责任部门／人文科学图书事业部 （010）59367215
电子信箱／renwen@ssap.cn
责任编辑／孙以年
责任校对／宋淑洁
责任印制／岳　阳
总 经 销／社会科学文献出版社发行部
　　　　　（010）59367081　59367089
读者服务／读者服务中心 （010）59367028

印　　装／北京画中画印刷有限公司
开　　本／889mm×1194mm　1/32　印张／5.625
版　　次／2011 年 8 月第 1 版　字数／104 千字
印　　次／2011 年 8 月第 1 次印刷
书　　号／ISBN 978-7-5097-2514-6
定　　价／15.00 元

本书如有破损、缺页、装订错误，请与本社读者服务中心联系更换
版权所有　翻印必究

《中国史话》编辑委员会

主　　任　陈奎元

副 主 任　武　寅

委　　员　（以姓氏笔画为序）
　　　　　卜宪群　王　巍　刘庆柱
　　　　　步　平　张顺洪　张海鹏
　　　　　陈祖武　陈高华　林甘泉
　　　　　耿云志　廖学盛

总　序

中国是一个有着悠久文化历史的古老国度，从传说中的三皇五帝到中华人民共和国的建立，生活在这片土地上的人们从来都没有停止过探寻、创造的脚步。长沙马王堆出土的轻若烟雾、薄如蝉翼的素纱衣向世人昭示着古人在丝绸纺织、制作方面所达到的高度；敦煌莫高窟近五百个洞窟中的两千多尊彩塑雕像和大量的彩绘壁画又向世人显示了古人在雕塑和绘画方面所取得的成绩；还有青铜器、唐三彩、园林建筑、宫殿建筑，以及书法、诗歌、茶道、中医等物质与非物质文化遗产，它们无不向世人展示了中华五千年文化的灿烂与辉煌，展示了中国这一古老国度的魅力与绚烂。这是一份宝贵的遗产，值得我们每一位炎黄子孙珍视。

历史不会永远眷顾任何一个民族或一个国家，当世界进入近代之时，曾经一千多年雄踞世界发展高峰的古老中国，从巅峰跌落。1840年鸦片战争的炮声打破了清帝国"天朝上国"的迷梦，从此中国沦为被列强宰割的羔羊。一个个不平等条约的签订，不仅使中国大量的白银外流，更使中国的领土一步步被列强侵占，国库亏空，民不聊生。东方古国曾经拥有的辉煌，也随着西方列强坚船利炮的轰击而烟消云散，中国一步步堕入了半殖民地的深渊。不甘屈服的中国人民也由此开始了救国救民、富国图强的抗争之路。从洋务运动到维新变法，从太平天国到辛亥革命，从五四运动到中国共产党领导的新民主主义革命，中国人民屡败屡战，终于认识到了"只有社会主义才能救中国，只有社会主义才能发展中国"这一道理。中国共产党领导中国人民推倒三座大山，建立了新中国，从此饱受屈辱与蹂躏的中国人民站起来了。古老的中国焕发出新的生机与活力，摆脱了任人宰割与欺侮的历史，屹立于世界民族之林。每一位中华儿女应当了解中华民族数千年的文明史，也应当牢记鸦片战争以来一百多年民族屈辱的历史。

当我们步入全球化大潮的21世纪，信息技术革命迅猛发展，地区之间的交流壁垒被互联网之类的新兴交流工具所打破，世界的多元性展示在世人面前。世界上任何一个区域都不可避免地存在着两种以上文化的交汇与碰撞，但不可否认的是，近些年来，随着市场经济的大潮，西方文化扑面而来，有些人唯西方为时尚，把民族的传统丢在一边。大批年轻人甚至比西方人还热衷于圣诞节、情人节与洋快餐，对我国各民族的重大节日以及中国历史的基本知识却茫然无知，这是中华民族实现复兴大业中的重大忧患。

中国之所以为中国，中华民族之所以历数千年而不分离，根基就在于五千年来一脉相传的中华文明。如果丢弃了千百年来一脉相承的文化，任凭外来文化随意浸染，很难设想13亿中国人到哪里去寻找民族向心力和凝聚力。在推进社会主义现代化、实现民族复兴的伟大事业中，大力弘扬优秀的中华民族文化和民族精神，弘扬中华文化的爱国主义传统和民族自尊意识，在建设中国特色社会主义的进程中，构建具有中国特色的文化价值体系，光大中华民族的优秀传统文化是一件任重而道远的事业。

当前，我国进入了经济体制深刻变革、社会结构深刻变动、利益格局深刻调整、思想观念深刻变化的新的历史时期。面对新的历史任务和来自各方的新挑战，全党和全国人民都需要学习和把握社会主义核心价值体系，进一步形成全社会共同的理想信念和道德规范，打牢全党全国各族人民团结奋斗的思想道德基础，形成全民族奋发向上的精神力量，这是我们建设社会主义和谐社会的思想保证。中国社会科学院作为国家社会科学研究的机构，有责任为此作出贡献。我们在编写出版《中华文明史话》与《百年中国史话》的基础上，组织院内外各研究领域的专家，融合近年来的最新研究，编辑出版大型历史知识系列丛书——《中国史话》，其目的就在于为广大人民群众尤其是青少年提供一套较为完整、准确地介绍中国历史和传统文化的普及类系列丛书，从而使生活在信息时代的人们尤其是青少年能够了解自己祖先的历史，在东西南北文化的交流中由知己到知彼，善于取人之长补己之短,在中国与世界各国愈来愈深的文化交融中,保持自己的本色与特色,将中华民族自强不息、厚德载物的精神永远发扬下去。

《中国史话》系列丛书首批计200种,每种10万字左右,主要从政治、经济、文化、军事、哲学、艺术、科技、饮食、服饰、交通、建筑等各个方面介绍了从古至今数千年来中华文明发展和变迁的历史。这些历史不仅展现了中华五千年文化的辉煌,展现了先民的智慧与创造精神,而且展现了中国人民的不屈与抗争精神。我们衷心地希望这套普及历史知识的丛书对广大人民群众进一步了解中华民族的优秀文化传统,增强民族自尊心和自豪感发挥应有的作用,鼓舞广大人民群众特别是新一代的劳动者和建设者在建设中国特色社会主义的道路上不断阔步前进,为我们祖国美好的未来贡献更大的力量。

陈奎元

2011年4月

⊙隗瀛涛

作者小传

隗瀛涛（1930~2007年），男，重庆市开县人，四川大学教授、博士生导师，四川省社科联副主席，四川省历史学会会长，四川省历史学科学术带头人，成都古都学会会长，四川省文史研究馆馆长，四川省地方志编纂委员会副主任委员，国家社会科学基金中国历史评审组成员，教育部人文社会科学研究专家咨询委员会委员，长期从事中国近代史、中国城市史、中国地方史等的教学和研究工作，先后主持国家哲学社会科学"七五"、"八五"、"九五"重点课题，著有《四川保路运动史》《辛亥革命》(中)、《邹容》、《重庆开埠史》(合著)，主编《近代重庆城市史》、《中国近代不同类型城市综合研究》、《四川近代史稿》、《辛亥革命与四川社会》等。

⊙沈松平

作者小传

沈松平，1969年8月生，浙江省平湖市人，四川大学中国地方史专业博士。现为宁波大学人文与传媒学院副教授、地方志研究中心主任，中国地方志协会学术委员，浙江省地方志专家委员会委员，浙江省地方志学会理事、副秘书长，获"宁波大学十佳青年教师"称号。主要研究领域：中国近现代史、方志学。出版专著《宁波通史·民国卷》、《马衡传》（与人合著），在《中国社会科学文摘》、《浙江学刊》、《华东师范大学学报》、《南京大学学报》等刊物发表有关近代中国思想和社会、方志学方面的论文50余篇，现主要致力于方志学研究。

目 录

引 言 ··· 1

一 古代巴渝 ··· 2
  1. 两江合抱的山城 ···························· 2
  2. 巴渝地区的开发 ···························· 6

二 重庆开埠 ··· 11
  1. 被迫开放 ······································ 11
  2. "华西的上海" ······························ 14

三 重庆经济中心的初步形成 ················ 20
  1. 商业、金融、交通中心的确立 ········ 20
  2. 近代工业的初步发展 ······················ 30

四 山城风雷 ··· 34
  1. 反洋教怒潮 ·································· 34
  2. "西学西渐" ·································· 38
  3. 保矿、保路风潮 ···························· 41

4. 蜀军政府 …… 45
5. 五四运动 …… 51
6. 大革命在重庆 …… 57

五 在刘湘的统治下 …… 65
1. 重庆建市 …… 65
2. 凋敝的民族工商业和畸形繁荣的金融业 …… 69
3. 民生公司的崛起和川江航运 …… 77
4. 参谋团入川 …… 82

六 陪都 …… 89
1. 国府迁渝 …… 89
2. 后方经济中心的形成 …… 93
3. 民营工业凋敝,官僚资本崛起 …… 102
4. 抗日烽火中的重庆 …… 109
5. 同室操戈 …… 117
6. 民主宪政 …… 123

七 蒋介石重庆残梦 …… 130
1. 重庆谈判 …… 130
2. 经济的全面崩溃 …… 138
3. 歌乐忠魂 …… 145
4. 山城解放 …… 152

参考书目 …… 158

引 言

这是一座生机盎然的"半岛"。这是一块改革开放的热土。岁岁年年,滚滚长江在这里挥洒着壮阔的情怀;日日夜夜,滔滔嘉陵在这里鼓荡着明快的旋律;巍巍群山在这里倾吐着巴渝文化的芬芳。这座雄踞于两江之上的山城,就是我们共同拥有、深深眷念的重庆。

它像一首战斗的诗篇,鼓动人们为之吟诵;它像一幅优美的图画,让人们为之流连忘返。朋友,让我们敞开心扉,用真诚和热情,去凝视它那美丽的容貌,去聆听它那深沉的倾诉吧……

一　古代巴渝

两江合抱的山城

重庆，这座名闻遐迩的历史名城，位于四川盆地东南部的华蓥山南麓，地处嘉陵江与长江的交汇口，是长江上游的水运枢纽。重庆，古称"江州"，"州"指水中之高地，"江州"，意为江中小岛。因重庆地处两江交汇之处，三面环水，一面虽不近水，却犹如鹅项，故而得名。今天又把它称作"山城"，因它地势险要，多丘陵、低山，而少平坝，其整个地势大致由南北向两江河谷倾斜。登高极目，但见长江南岸群山巍峨，嘉陵江北缓丘迤逦，两江滔滔流水蜿蜒穿梭于崇山峻岭之间，合抱着山城重庆，景色蔚为壮观。

重庆，西连三蜀，北通汉沔，南达滇黔，东接荆襄，不仅控川西、川东、川北、川南的冲途，而且扼云、贵、康、藏的门户，历代为兵家必争之地，西南的军事重镇。

早在跨入文明时代之初，生息在重庆地区的最早先民——巴人就在江州（今重庆市）建立了国都。公元前316年，秦国大将张仪、司马错率兵入川，攻灭巴国，在重庆地区设巴郡，郡治设在江州。两年之后，出于防卫的需要，张仪在江州筑城，重庆成为秦王朝统治川东地区的军政中心。至此，重庆开始成为一座有城垣的封建军事堡垒。三国时期，群雄逐鹿，汉室宗亲刘备割据四川，偏安一隅，重庆的地位日益突出。都护李严率重兵驻扎江州，大兴土木，筑大城，方圆达16里。隋朝统一后，实行州县两级制，因嘉陵江古称渝水，所以把重庆称作"渝州"，这就是今天重庆的简称"渝"的由来。北宋徽宗年间，重庆又改称"恭州"。不久，金兵南侵，北宋覆亡，宋高宗赵构逃到临安（今杭州市）称帝，史称"南宋"。南宋的第二个皇帝是宋孝宗，他的第三个儿子赵惇被封为恭王，藩封恭州。后来，赵惇当了皇帝，按照宋王朝潜藩升府的惯例，于1189年9月18日升恭州为重庆府。此后，重庆地区的辖境虽时有伸缩，但地名再无更改，至今已800余年。南宋末年，宋蒙对峙，四川战事吃紧，重庆一度成为四川省军政中心，著名的钓鱼城保卫战就发生在重庆地区。元朝统一后，为了加强对川东地区的统治，在重庆设置了重庆路总管府，并作为四川南道宣慰司所驻节之地，元朝中央政府也在重庆设置了税务机构，四川行省也一度迁往重庆。明代，重庆仍为西南军事重镇，设有重庆府和重庆卫，并设兵备道，管辖重庆府、卫和各州县以及贵州、酉阳等处土司，成为控制川东、贵州等地，监视少数民族的军政中心。清代，又在重庆加设分巡川东道署，加强对川东地区的控制。清初，四川总督也一度移驻重庆。

在古代漫长的岁月中，重庆始终作为川东地区的军政中心发挥着重要的作用。但是，重庆同时又是一个经济落后、功能单一的封建军事城邑，城市的工商业很不发达，这与重庆地区经济发展的长期落后有关。重庆多丘陵、山地而平坝较少，这一恶劣的地形特征使得重庆地区的广大山区腹地长期得不到开发，榛（zhēn，真）莽草莱遍地，地广人稀，与同时代"沃野千里，五谷丰登"的川西平原相比，犹如天壤之别。因此，在很长一个时期内，重庆地区的经济发展不要说远逊于川西平原，即使与川北的嘉陵江中游地区相比，也是望尘莫及。经济上的落后带来文化上的荒漠，自隋唐到宋代以前，重庆地区一直是朝廷贬谪流放罪犯的场所。这一切都严重影响着重庆城市的发展，与川西平原的成都相比，重庆的城市化进程起步严重滞后。但是，老天并没有亏待巴渝儿女，它赐给了重庆一个无与伦比的瑰宝，那就是重庆得天独厚的为四川其他各地所不能及的地理优势——地处长江上游的水运要冲。

重庆地控川江（长江上游宜宾至宜昌段），向北通过嘉陵江及其支流涪江、渠江与川北的合川、南充、遂宁、广安等地和甘南、陕南发生联系，沿长江顺江而下，在涪陵接纳乌江与黔北相连，上经江津接纳綦江，经泸州接纳沱江，经宜宾接纳岷江，与川东南的涪陵、黔江地区，川南的泸州、宜宾地区，川中的自贡、内江地区，川西的成都、雅安地区都发生了联系，沿金沙江（长江上游一段）下游直抵滇北，成为沟通四川盆地以及滇北、黔北、甘南、陕南的水运枢纽。同时，重庆又位于长江——这条中国商品流通主干道的上游，顺流而下，中经"九省通衢"的武汉，与近代中国的经济中心上海连接，沟通了横贯整个中国的经济大动脉，成为四川乃至西南各省与富庶的长江中下游地区进行商品贸易的起点。众所周知，四川地处中国内陆，与全国主要经济区东障巴山，西屏邛崃，南踞苗山，北倚秦岭，仅长江一线与外相通。这种相对封闭的自然环境却使得重庆这个位于长江上游的水运枢纽更加夺目耀眼，在近代四川乃至整个中国西部扮演了一个重要的角色。

中唐以后，随着长江中下游地区的日益开发，中国的经济重心逐渐由黄河流域转移到长江流域，其政治中心也由偏西的长安、洛阳东移到开封、北京、临安一线，依靠大运河同经济重心相连接。长江成为四川与全国政治、经济中心相联系的唯一生命线，而位于长江上游的重庆便显得繁忙起来，一步步地由一个经济落后、功能单一的封建城邑转变成政治、经济、军事、文化多功能的城市。近代以降，由于上海经济的崛起，重庆以其自身商业和贸易上的独特地位紧跟上海，使重庆城市的发展迎来了它的"黄金时代"。

如果说近代中国历史必定要创造出上海这一中国经济中心的话，那么近代中国历史也必然会为四川和内陆地区创造出另一个"上海"——重庆这一长江上游的经济中心，承担起长江流域经济链条上东西结合的重要一环的历史责任。

2 巴渝地区的开发

重庆，背靠"天府之国"，中连"鱼米之乡"，下接"金三角"，特殊的地理优势为这座古老山城日后的腾飞插上了坚实的翅膀。但是，重庆的水运优势地位并不能使重庆人坐享其成，地理上的优势能否化为经济上的优势，还取决于四川乃至长江上游经济的发展，尤其是重庆地区商品经济的活跃。重庆，必须以长江上游经济的开发为依托，面向长江中下游地区，才能充分利用它的地理优势发展转口贸易。

由于历史的原因，重庆地区的区域开发和经济发展曾两度被打断而出现严重的倒退，从而使重庆地区的经济发展经历了一个"三盛两衰"的曲折发展过程。

据考古资料证明，大约在旧石器时代，古代巴渝地区的先民——巴人就已生息劳动在今天的重庆地区，日出而作，日落而息。跨入文明时代的门槛之后，巴文化又以其别具一格的地方特色，为古代文化宝库增添了奇辉异彩。但是，战国以来的一个相当长的历史时期，古代重庆地区的经济开发，无论其速度、规模，还是效益都大大落后于川西的成都平原、川北的嘉陵江中游地区。从战国到东汉晚期，是巴渝地区经济发展较好的一个时期，社会比较安定，水利得到兴修，铁制农具开始使用、推广，牛耕也已较为普遍，沿江河谷地带已开始普遍植桑养蚕，种植水稻和各种经济作物，部分浅丘陵区也陆续开垦，播种黍稷。但是从总体上看，这个时期重庆地区的社会生产力水平还相当低下，巴郡只设置了江州、垫江（今合川）、枳（今涪陵、长寿）等三县，区域开发呈点线式分布，广大山区内地依然是莽莽原野，荆棘满眼，点点畲田，星落稀疏。

东汉末年，黄巾起义，群雄逐鹿，重庆地区历经刘璋、蜀汉、魏、西晋、成汉、东晋、西魏各个政权，更迭频繁，战乱不断，百姓流离失所。川东一带居民大量流入荆湘，当地人口锐减，城邑空虚，村落萧条，江州古城，成了一座只有几百人家的荒残废城，战国秦汉以来经济开发的成果几乎丧失殆尽。同时，原居住在黔北、川南山区的僚人大量涌入，为土著居民的数倍，以致许多地方完全成了僚人的世界。直到公元552年四川重新得到平定之后，汉人才重新生息或东来，人口逐渐增多，并不断迁徙进入僚区居住，使僚汉之间的交往大为增加。僚人逐渐接受汉族先进的经济和文化，最终与汉族相融合。在僚汉人民的共同努力下，重庆地区重新开始了经济开发的历程。

隋唐300余年，重庆地区未经战乱，经济获得了一定的发展，区域开发也进入了一个新的阶段。突出地表现在广大丘陵地区开始得到开发，内地大量置县，到唐晚期，共计有巴（今重庆市）、江津、石镜（今合川）、铜梁等24县。宋代是巴渝经济发展的关键时期。丘陵地区得到进一步开发，梯田被开垦，水稻已广泛种植，在没有水利灌溉的丘陵和山区，已开始利用水塘、池堰等灌溉稻田，纺织、井盐、瓷器和冶金等手工业也得到了发展。农业的进步和手工业的发展，使重庆地区的商业开始繁荣，重庆的地理优势也有了用武之地，成为四川东部的交通孔道和商业贸易中心之一。宋代重庆城的转口贸易十分兴盛，城区一带"两江之商贩，舟楫旁午"，沿江地区逐渐发展为商业功能占有相当比例的商业区。这表明重庆城的功能正在变化，逐渐由一个高垒墙深的单一军政中心向政治、军事、经济、文化等多种功能发展的城市演变。

南宋末年，蒙古入侵中原，宋蒙对峙，重庆地区成为宋蒙交战的主战场，前后长达40余年。连年的征战使重庆地区的社会生产力再度遭受极大破坏，人口大量死亡和逃散，隋唐时期设置的州县大量被省并，重庆地区的经济开发进程再度中断。元统一后，由于元朝统治者实行民族压迫和民族歧视政策，以及统治阶级的腐朽和内部争斗，加上自然灾害频繁，终元一代，重庆经济未能有所发展。元末红巾军的一支在明玉珍的率领下攻入四川，明玉珍在重庆称帝，建大夏国，废除元代苛重徭役，采取措施恢复生产，才使重庆地区社会生产重新得到恢复和发展，被废弃的州县也渐次有所复置或新设。

1371年，明太祖朱元璋派大将汤和、傅友德分兵两路取蜀，夏政权覆亡，四川遂归于明朝统治。这个时期，重庆地区的经济继续向前发展，到明代中期，重庆府的耕地与人口已占全省的1/3，重庆地区已成为四川粮食的主要产区之一。明万历年间四川的田粮额数，成都府31州县为157729石，重庆20州县及5土司则为344497石，重庆府已超过成都府达1倍以上。在《明史·食货志》记载的全国工商业比较发达的30余个城市名单上，重庆已是榜上有名，成为中国的一个著名城市。

明末清初，四川又逢战乱，重庆地区的经济开发再次受到沉重打击。重庆城虽为四川总督驻节之地，但"哀鸿稍集，亦不过数百家"，更遑论其他。清统一后，实行休养生息政策，鼓励湖广、江西、陕西、福建、广东等省无地少地的农民入川开垦荒地。经过几代人的努力，重庆地区经济逐渐恢复和发展，耕地面积迅速扩大，经济作物如蚕丝、苎麻、柑橘、桐油、甘蔗、竹木等产量也大量增加，井盐、矿冶、陶瓷、制茶、制糖等业也皆有发展，商品经济开始活跃起来。

商品经济的活跃带来商业的繁荣，这使重庆这个川江航运的枢纽焕发了盎然的生机。长距离贩运贸易得到很大的发展，通过长江及其主要支流嘉陵江、沱江、岷江以及渠江、涪江、乌江、綦江、赤水河，使滇北、黔北及省内的主要粮、棉、糖、盐产区的外运商品得以汇流而下，集中重庆再转运长江中下游及其他地区。同时，通过长江交通主干道与全国范围的商品流通网络相联系，全国各地的商品沿长江溯流而上，汇集重庆再转运四川各地及滇北、黔北等地。如清代乾隆以来的"川米易苏布"就是通过重庆这个口岸开展贸易的。

乾隆初年，重庆城已是一个"商贾云集、百物萃聚"的商业性城市，"九门舟集如蚁"，往来于重庆的各类船只不下50种，重庆城内的商业行帮已有25个，各业牙行也达150余家，经营着棉花、棉纱、土布、丝货、食盐、纸张、书籍、药材、山货等各类物资。广东、福建、浙江、湖广、江西、江南、山西、陕西等省商贾也经营往来于重庆与当地，并于乾隆年间陆续在重庆设立会馆，旨在保护各省间往来贩运的商贾和寄居外省人员的一般权益。民间驿传业也在重庆出现。清代重庆城市规模比明代有所扩大，府城内街巷达240余条，"酒楼茶舍与市阓铺房，鳞次绣错，攘攘者肩摩踵接"，尤其是沿江一带商业性用房鳞次栉比，突破了城墙的限制。工商业人口的增加使城市人口结构也有了较大变化。到清代中期，重庆的商业人口比例至少在某些街区已超过了官僚、地主、军队、僧尼等人口的比例。这一变化表明重庆城的经济功能已相当突出，初步改变了经济落后、功能单一的状况。到1824年，重庆府城的城市人口已达65286人，加上江北厅的人口，估计当在8万人左右，人口结构开始由以消费人口为主向非消费人口为主的方向发展。重庆成为长江上游最大的以转口贸易为主的商业都会，并一跃赶上了川西的成都，与之并驾齐驱，是四川省内的双子星座。

二 重庆开埠

1 被迫开放

1840年,英国殖民者的大炮轰开了古老中华帝国的大门,中国开始了半殖民地半封建的苦难历程。

四川僻处中国西南,碍于自然条件和交通的限制,在第一次鸦片战争之后的一段时期内,西方殖民列强的魔爪尚未能伸入到这一地区。但是,资本的扩张性和掠夺性决定了西方殖民列强不断追求扩大对华贸易,因此,重庆和四川的被迫开放只是个时间问题。

19世纪60年代末,英国对华贸易出现了不景气。这引起了英国商业资产阶级的深深忧虑。一个英国商人哀叹:"商业是我们的生命源泉,是我们的生存气息,没有它,英国就会成为北海中最贫困、苦恼、人口过多的一个小岛。"因此,开辟中国新的内地市场、扩大对华贸易就成了英国资产阶级政府迫在眉睫的课题。他们把目光投向中国的西部,物产富饶的四川成为英国殖民者垂涎三尺的猎物。而重庆地处川江枢纽,扼川东门户,又沿长江与近代中国的经济中心,也是近代中国最大的殖民城市上海相连,自然也就成为西方殖民者入侵四川、开辟西部市场的头一个猎取目标。

1875年初,一支由缅甸侵入中国云南边境的英国部队行至腾越地区,遭到当地边民的英勇阻击,当场击毙了专程由北京前往迎接的英国公使翻译官马嘉理,发生了"马嘉理事件"。英国政府认为这是向清政府进行讹诈,开放重庆为通商口岸的一个良机。英国公使威妥玛向清政府提出了解决"滇案"的八点方案,要求清政府允许英国在云南大理和滇省其他地方派驻领事,其中特别指明要求开放四川重庆作为通商口岸。在英国侵略者的军事恫吓下,清政府被迫派李鸿章为全权大臣,与威妥玛在烟台就"滇案"问题举行谈判。1875年9月签订了《中英烟台条约》,规定四川重庆府可由英国派员驻寓,查看川商英商事宜。但同时李鸿章还想凭借三峡天险来阻止侵略者入川,故在条约中规定:"轮船未抵重庆以前,英国商民不得在彼居住,开设行栈,俟轮船上驶后,再行议办。"然而,这只能是李鸿章的一厢情愿而已。

1881年12月,英国驻重庆领事谢立三乘吃水0.91~1.2米的帆船安然渡过新滩(位于四川云阳县境内,是长江上游最浅险滩)后声称:"有什么理由会堵住一艘同样吃水,利用蒸汽作动力而又有特殊构造的轮船上驶呢?"他鼓励英国的冒险家把轮船开到川江,上驶重庆,以便迫使清政府履行开放重庆的承诺,使《烟台条约》由文字变成事实。自此以后,西方冒险家频频弄险三峡,窥测水道。一个叫立德乐的英国商人充当了入侵重庆的急先锋,他因此而被英国资产阶级誉为"西部中国的英国开路先锋"。1885年,立德乐正式向清政府申请宜昌—重庆间行轮执照,并组成川江轮船公司,还把他在英国特制的"固陵"号轮船驶抵宜昌待发。

英国商轮驶入川江,必然造成川江中国木船业的凋零衰败,因此,遭到了宜昌—重庆之间仰赖木船运输为生的百万人民的反对。一时间四川民情汹汹,清政府也对事情的发展始料不及,立刻指派李鸿章与英国政府交涉,企图用12万两白银的高价买下立德乐的"固陵"号轮船及其在宜昌的码头等设施,以阻止英国商轮上驶重庆。但是,英国拒绝了清政府的要求。在英国政府的压力下,腐败的清政府彻底妥协,答应开放重庆为通商口岸,条件是英国商轮10年内不得上驶重庆。1890年3月31日,中英两国代表在北京签订《烟台条约续增专条》,规定:"重庆作为通商口岸;英商自宜昌至重庆往来运货,或雇佣华船,或自备华式之船,均听其便。"经过14年的纠缠,英国侵略者终于实现了夺取重庆,开辟中国西部市场的梦想,而清政府换来的只不过是"英轮10年内不上驶川江"的一纸空文。

1890年11月4日,重庆海关首任税务司英国人好博逊、英国驻重庆常任领事富尔富德以及伦敦布道团的达文波特同时抵达重庆,并于1891年3月1日正式设立了带有浓厚的半殖民地半封建色彩的重庆海关。不久,重庆海关在万县设分关,英国人阿斯克尔为首任代理税务司,至此,重庆海关控制了四川境内的全部川江。重庆海关的设立,标志着重庆正式开埠,成为近代中国的第二十个通商口岸,从此揭开了重庆半殖民地半封建历史的苦难篇章。

"华西的上海"

重庆开埠前夕,一个英国殖民者曾经这样展望过重庆的未来:"重庆开埠之后将成为华西的上海。"上海是近代中国的经济中心,也是西方殖民者在中国的最大侵略基地。在西方殖民者看来,重庆无疑是又一个上海——他们肆意蹂躏,任意践踏的场所、冒险家的乐园。重庆,这座饱经沧桑的中国西南名城就这样开始了它苦难的岁月,由一个主权独立的封建城市逐步沦落为半殖民地半封建的城市,成为帝国主义侵略中国的"华西的上海"。

1890年,根据中英《烟台条约续增专条》,英国不仅取得了在重庆开埠的权利,同时也取得了建立领事馆的法律依据。同年,英国驻重庆领事馆正式设立,首任领事为禄福礼。这是西方列强在重庆设立的第一个领事馆。之后,法国、美国、日本、德国相继在重庆设立了领事馆。如果说驻在北京的各国公使馆是清朝中央政府唯命是从的太上皇的话,那么各国驻渝领事馆对于重庆地方政府则更是颐指气使。1895年,日本政府挟《马关条约》迫使清政府将重庆府城朝天门外南岸的王家沱划给日本,作为永久租界。1904年1

月15日,西方列强又强租清军操场打枪坝高地,作为重庆海关税务司公所。

川江,是西方列强入侵四川、扩大对华内地贸易的唯一通道,因此,成为西方各国争夺的焦点。在中英《烟台条约续增专条》中,清政府以开放重庆为通商口岸和赔款12万两白银的代价换来了英国轮船10年内不得上驶重庆的承诺,满以为真的可以10年无事。然而在《烟台条约续增专条》签订不久,英国商人就自己制造木船或雇佣中国木船,挂外国旗由川江上驶重庆。1891年6月18日,重庆开埠后出口的第一艘挂旗船——英商太古洋行租用的中国木船,装载白蜡、黄丝离开重庆,驶往宜昌。7月2日,英商立德乐洋行也租用木船,载煤油、海带抵达重庆,成为进口重庆的第一艘挂旗船。从此,米字旗、三色旗、星条旗、太阳旗开始在川江上飘扬。

中日甲午战争后,清政府签订了卖国的《马关条约》,外国轮船开始上驶重庆。1898年3月8日,立德乐带领他的7吨小轮船"利川"号由宜昌试航川江,到达重庆,终于实现了西方侵略者多年来轮船上驶重庆的梦想。此后,英、法、德、日军舰也涉足川江,耀武扬威。不过,由于川江航道险恶,从1891年重庆开埠到1911年辛亥革命爆发的20年间,西方殖民者并没有在川江轮运方面获得商业利润,因而川江也没有成为中外货轮出没的水上动脉。

随着挂旗船在川江上往返出没,西方商品如山洪一般滚滚西来。据重庆海关统计,重庆开埠仅一年,入川洋货价值总额就达白银582.5万两，较开埠前增长20.9%；《马关条约》后，日货侵入重庆市场，到1899年，重庆市场上的洋货价值总额已高达白银1307.5万两，1901年《辛丑条约》后，更高达白银1482.3万两。

洋货很快充斥重庆和四川市场，不论是通都大邑，还是穷乡僻壤，无一不受到洋货的冲击。首先，是根据中英《天津条约》和《烟台条约》的规定，洋货进口只需缴纳5%的海关税和2.5%的子口税，即可在全国畅行无阻，而中国的同类商品除负担沉重的课税外，还要向遍布大江要隘的厘卡缴纳名目繁多的厘金。这无疑是为西方商品排挤国货大开方便之门。其次，西方侵略者还玩弄各种手法促销商品，一是廉价倾销，如英印棉纱商在四川出售的洋纱价格，与四川邻近诸省进口的棉花零售价格相差无几。农家买进棉花来纺纱，反而比直接用洋纱更贵。这促使川人纷纷弃土棉而用洋纱，使洋纱的进口量与日俱增。二是"赊销"，甲午战争后，四川进口洋布由洋行勾结重庆27家大商号向遂宁、成都、嘉定等地布商长期赊账销售，一般平均有5~6个月的赊购期限。三是走私，由于管理四川对外进出口贸易的重庆海关为西方殖民者所控制，为走私大开方便之门，走私洋布的价格只相当于土布价格的1/5，因而很快排挤了土布市场。

尤其值得一提的是著名的美孚石油公司，该公司为倾销煤油更是诡计多端。川北各地盛产桐油，民间一般习惯用桐油照明，煤油销售很不景气。于是美孚石油公司勾结一家行将倒闭的日商洋行，以高价收买桐树根，指使川北经销商扬言要大量购买桐树根，并买了一点作幌子。于是，有些商人见有利可图，便纷纷在川北一带收购桐树根，谁知当他们把桐树根大批运到重庆时，那家日商洋行已经倒闭，拒绝收买。这些商人大呼上当，只好将运来的桐树根当柴烧掉。这样一来，川北地区的桐树遭到严重破坏，桐油生产受到严重影响，价格随之上升，美孚行乘机大肆推销煤油，由于煤油价格较桐油低廉，且光度又强，人们乐于购用，美孚行由此而达到了倾销煤油的目的。

洋货的入侵，排挤了四川原有的土货市场，极大地破坏了四川的城市手工业和农村的家庭手工业，重庆地区尤为剧烈。特别是洋纱的输入，使耕织分离，从而使重庆和四川的自给自足的自然经济发生了解体。光绪以前，重庆农村家家都用手摇纺车纺纱织布，每到乡下，纺车转动的轧轧之声不绝于耳。但洋纱入川后，"棉（洋）纱畅行，此事尽废"。

几乎同时，西方殖民者纷纷在重庆设立洋行，比较著名的有英商立德乐、太古、怡和洋行和日商大阪、新利洋行等，它们主要经营四川土特产和原料的出口贸易。到1921年前，重庆山货业基本为外国资本及买办势力所垄断。在重庆开埠后的几十年中，西方列强在四川掠夺的土产和工业原料计有蚕茧、生丝、羊毛、原麻、桐油、猪鬃、肠衣等数十种。中日《马关条约》签订后，西方侵略者还直接在重庆设立工厂，发展出口加工工业，以便更多地掠夺四川（重庆）财富。最早在重庆设厂的是英商立德乐。1890年，立德乐在重庆南岸龙门浩地区购地建厂，开设猪鬃洗房，洗制熟猪鬃出口，这是重庆第一家猪鬃工厂。此后，英商怡和洋行、隆茂洋行，日商新利洋行等也先后投资兴办猪鬃厂。后起的资本主义强国日本也加入了资本输出的行列，1902年，日本在重庆成立了中日合办的友邻公司，制造和贩卖黄磷火柴。1905年又合办了惠利、东华、丰裕三家火柴企业。1915年，日商新利洋行大班宫版和华籍买办陈瑶章在重庆王家沱日租界开设了名为日华合资的又新丝厂。该厂全套设备和主要负责人均来自日本，生产技术操作和一切管理制度也全部采用日本标准，在重庆缫丝业中首屈一指。

富饶的四川矿产资源，也为外国侵略者所觊觎。重庆开埠之后，法、美、英等国的领事和商人，相继在重庆附近掠夺煤、铁矿藏，尤其是美国金融家摩根，竟于1899年1月勾结李鸿章签订了《四川矿权草约》，夺取了四川全省煤、铁、石油等矿50年开采权。不过在重庆，掠夺矿权、开办矿山最积极的还是那个臭名昭著的立德乐，1898年，立德乐利用重庆江北厅龙王硐一带经营煤窑的5窑6厂间的矛盾，软硬兼施，夺占了龙王硐5窑6厂，并收买地痞，代为出面申请开矿，造成既成事实。然后拼凑起"华英煤铁公司"，迫使清政府答应他在龙王硐购地开矿。腐败的清政府不敢得罪洋人，但是江北厅不属于通商口岸，清政府又不愿开外国人在内地购地设厂的先例，于是挖空心思想出了一个"两全其美"的办法,让立德乐将华英煤铁公司改为中英合办,并把立德乐自行购置的5窑6厂和其他矿地、矿窑改为官办的"保富公司"代英商购买的矿地、矿窑,再转租与华英煤铁公司,按年限开采。立德乐看有机可乘,就得寸进尺,提出江北厅全境煤铁各矿开采权。清政府也只好将错就错,于1904年12月,经外务部"奏明奉旨允准"之后,由四川矿务总局和保富公司与立德乐的华英煤铁公司订立合同,授予华英煤铁公司江北厅地方50年的煤铁矿开采权。但立德乐还不满足,不久又私自扩大矿区,企图违约开采石牛沟煤矿。而且在勘察龙王硐煤矿到嘉陵江边狮子口的运煤线时,华英公司又任意指划范围,侵占良田,滥伐竹木,践踏庐墓,污染水源,致使民怨沸腾。

重庆的开埠,帝国主义在重庆和四川的大肆掠夺,使重庆和四川人民饱受蹂躏和践踏之苦,也使重庆这座古老的山城由一个主权独立的封建城市一步步沦为半殖民地、殖民地城市。山城的浓雾,遮不住民族的屈辱;滔滔的嘉陵江和长江,诉不尽人民的苦难。但是,历史是辩证的,重庆的开埠同时也给了重庆城市的近代化一个契机,使重庆由一个中世纪城市逐渐转变成近代化的城市。

三 重庆经济中心的初步形成

1 商业、金融、交通中心的确立

一个近代城市区别于古代城市的最大特征就是城市的经济、文化功能日益突出,其经济功能已取代政治功能成为城市的主要功能。而在传统的古代城市中,城市的政治功能占主导地位,其经济、文化功能多依附于政治功能。因此,一般地说,一个古代中世纪城市向近代城市演变的过程,无疑也就是城市的政治功能的主导地位逐步被经济功能所取代的过程。

开埠以前,重庆虽然已是一个商业都会,城市的经济功能已相当突出,但就城市的主要功能而言,重庆仍是一个区域性军政中心。

重庆的开埠,赋予了这座古老的山城一个近代化的契机,封闭的大门被打开,重庆被迫纳入了世界资本主义市场体系,这使得重庆这座自古因商而兴的美丽山城的巨大潜力得以发挥,城市的经济功能日显突出,并开始取代政治功能成为重庆城的主要功能。重庆,在凤凰的涅槃中得到新生,由一个区域性军政中心逐步演变为四川乃至长江上游的经济中心,一个近代化的城市。

三 重庆经济中心的初步形成

一个完全意义上的经济中心,必须能对社会生产的全过程,即生产—流通—分配—消费,进行全面的组织,使之正常运行。因此,工业生产中心的形成,就成了近代城市——经济中心的首要条件。然而,中国城市近代化的道路却不是从工业生产起步,而是依靠优越的水运条件,由商业和金融起步,发展成为经济中心城市。如上海就是依靠长江入海口的位置,最先"成为长江流域的商业中心",同时,"也成为世界上最主要的金融活动中心之一","接着又建立了现代工业制造的中心"。因此,一位著名的西方城市经济学家说:"就现代商业、金融、工业都市的最后成熟阶段而论,上海提供了用以说明中国已经发生和即将发生的事物的钥匙。"重庆经济中心的形成,也正是经历了"商业—金融—交通—工业"的发展过程,而使重庆迈开近代城市化步伐的正是重庆商业的近代化——商业中心的形成。

重庆在乾隆初年,已是一个商业都会,以重庆为枢纽的商品市场已经形成。但是,由于当时在四川占主导地位的还是自给自足的封建自然经济,商品经济不过是自然经济汪洋大海中的点缀罢了。因此,支撑重庆这个市场体系的仍只能是封建自然经济。这不仅使重庆市场的贸易流通量十分有限,而且还主要局限在川东地区。这个时期重庆与外省区的商品交流虽时有开展,然不论从种类还是数量来说,只是作为区域内部商品交易的一种补充。因此,开埠之前的重庆只是扮演了一个传统的川东区域商业中心的角色。重庆开埠后，洋货入川，重庆对外贸易量（包括省际贸易）剧增，从1891年的648.1万海关两（海关两亦称"关平两"，近代中国海关曾经长期使用的一种计算银两单位，1海关两相当于1.1069两——编注）猛增到1931年的7539.2万海关两，其中1930年最为突出，贸易总额达8664.5万海关两，使重庆在全国对外贸易的地位，仅次于上海、汉口两埠而居第三位。同时，传统的商品贸易结构也发生了变化。开埠以前，重庆（四川）与外省区商品交换的传统方式和结构是以粮食为大宗，兼及少数丝绸、夏布、药材、山货，与江浙、湖广等地的原棉、土布及少量手工业品交换，这是典型的自然经济的产物。开埠后，洋货大量入川，排挤了原来的入川商品，以1891～1898年为例，重庆洋货进口值与土货进口值之比为4.27：1，进口商品主要包括棉货、呢绒、金属、杂货四大类，而其中又以棉纱为最，传统的湖广土布、手工业品已逐渐被洋纱、洋布、洋杂货所取代。而出口商品中，原有的传统产品如丝、茧、白蜡、药材等仍保持一定的数量，不过已有一部分开始向国外出口。而新增品种如猪鬃、羽毛、羊毛等则因国外市场需求发展很快，从无到有，由少到多。另外，为了平衡重庆对外贸易的巨大逆差，鸦片开始大量种植和出口，在1891～1898年的8年中，鸦片出口比重由4.17%猛增到38.83%。这一变化表明以重庆为枢纽的近代四川外贸商品结构，已经基本上改变了传统的外贸结构，商品经济开始取代自然经济成为新的外贸结构的基础,封闭的四川经济开始与国内外市场建立了广泛的联系,重庆和四川开始屈从于西方的资本主义。

重庆开埠后的商业流通渠道,分为华商和洋商两个系统,而以华商为主。华商的经营又可以分为两个部分,即本地商人与外地商人。随着商品经济的发展,华商各行业普遍形成一定的组织,以维护其权益,并协调本行业与社会有关方面的关系,因而形成了行帮。清代,重庆就有"上下十三帮"之说。到近代,这种组织进一步发展成为比较规范的,约束力更强的同业公会。到1901年底,重庆已成立了12个同业公会,基本覆盖了重庆商业的主体。除本地商人的同业公会外,外地在重庆的会馆也起着组织流通的作用,到1892年,重庆已有广东、浙江、福建、湖广、江西、江南、陕西、云贵等9个外省会馆。

重庆本地的同业公会,外地的各省会馆,以及他们所属的商行、字号、商人,就构成了重庆商业流通的主渠道,传统的牙行贸易被取代。以占洋货进口值50%～60%以上的洋纱洋布业为例,整个四川的洋布进口由31家商号垄断,其中27家是重庆商人经营的,他们通过代理人直接从上海进货,然后把洋布分销给成都、保宁、潼川、遂宁、嘉定、叙州、绵州、合州等地的商人,通过他们销往四川各地,形成了一个完整的洋布销售网。

重庆商业流通的另一条渠道,是洋商开办的公司、洋行等机构,它们是重庆商业流通的辅渠道。据重庆海关记载,1890～1911年,先后在重庆办有这类机构

50余家，比较而言，他们的营业不占重要地位，重庆商业的主要部分还是在华商手中。但是，他们利用买办为其攒货，而买办又依靠字号，字号又依靠行栈，行栈依靠中路，中路依靠乡区贩商和各地山客，形成一个土产收购运销网，因此，仍不失为重庆商业流通中的一条不可缺少的辅渠道。

特别需要指出的是，开埠后的重庆商界已不仅仅满足于坐守重庆，扮演转手商的角色，而是直接深入到商品的最初产地，直接收购，然后经过初步加工，在重庆分往国内外的销售市场。而且重庆商界还走出重庆，把商品流通的渠道一直延伸到对外贸易的最前沿——上海，直接在上海设代办机构，从上海进货，并承担起川帮土货出口的主要职责。

重庆商业的繁荣，需要建立新的商业管理体制与之相适应。但是由于清政府未能随时而动，及时建立权威高效的商业管理机构，因此，在一段时期内重庆出现了多个商业贸易管理机构并存的局面。帝国主义控制的重庆海关主要管理重庆与国内外的进出口贸易。在清末新政中设立的重庆商务公司、劝工局作用则不大。倒是1904年成立的官督商办的重庆商务总会（总商会）在城市工商业经济中发挥着相当大的作用。商务总会由工商业头面人物组成，负责协调各方关系，掌握市场变化，具有很大权威性。它专设商事公断处，每遇商帮纠纷，则由商会会长和本帮会董为主要仲裁人，地方政府派员监督，一旦议决，则由重庆知府交巴县县堂执行，商民莫敢违抗。如1901年四川开始鼓铸银元，由于各地官吏和票号的反对，银元虽强令推广，但收效甚微，最后还是由商会通过决议，劝告各票号接受，银元才得以流通。1911年，设在重庆城内的巴县政府决定由政府统一管理工商事务，将"商务牙行当课杂货药材"等业，悉交礼房管理，但工作尚未展开，辛亥革命就爆发了。入民国以后，四川历经动荡，重庆尽管有商埠督办处、市政公所等市政管理机关，但驻城军阀只管收税，根本没有心思发展城市经济，市政机构形同虚设。直到刘湘独占重庆后，才在社会局下设立工商行政科，分工业、商业两股，至此，重庆才有了专门管理商业的机构，重庆地方政府才真正担负起了商业行政管理的职责，从而结束了长期以来对商业放任不管的局面。

到抗战前夕，重庆城内已有商业行业27个，店铺字号3058家，其中100家以上的行业有匹头绸缎、布业、苏货、山货等8个，共2209家，占72%。重庆已成为名副其实的四川省商业中心。

商业的繁荣必然带来金融业的蓬勃发展，重庆也以此为契机，开始成为四川的金融中心。在清代，成都是四川的金融中心，重庆处于从属地位。清代使用的货币主要是银两和制钱，大量用于流通的是制钱，银两则主要用于田赋征收和巨额支付，而制钱的铸造权在成都——四川藩司所属的"宝川局"，它控制着四川的金融大权。

鸦片战争以来，由于对外贸易连年逆差，白银流失严重，银贵钱贱的现象十分突出，白银开始取代制钱成为主要的流通货币。由于国家对银两的铸造没有统一的规格标准，以至各省、市，乃至各商业帮口都各铸银两，使得市面银两成色不齐，平砝不一，使用十分不便。当时重庆市面上除渝平银外，尚有贵州、成都等地数十种银两以及本地盐业、杂货等行业的专用银两，金融的混乱已成为重庆开埠后商品经济发展的障碍，统一货币势在必行。

1892年，巴县知县耿和丰宣布，重庆市场交易一律以新票银（即九七平10两或5两1锭的纹银）为准，其他各种外来银两必须经改铸倾销后，方能用于市场交易。这个办法划一了重庆市面流通的银两，便利了交易，促进了商品流通，稳定了市场，并逐渐为四川各地所采用。1908年四川劝业道以此为基础，将"九七平"作为全川银两的基准，使四川极端紊乱的银两制度开始走向规范化。新票银的地位在重庆的确立，标志着开埠后的重庆已在四川金融业中崭露头角。四川金融业从此出现了新的格局，重庆成为四川新的金融中心。

重庆开埠之后，金融机构如雨后春笋般地发展起来。首先，是票号的急剧膨胀。票号是依附于封建制度的金融组织，资金雄厚。1891年，重庆已有票号16家，到1894年全省的27家票号已大部分集中到了重庆。这些票号主要为晋、滇两帮，一般资本都有10万~30万两，是向重庆与外省商业贸易提供资金的主要渠道。票号也就垄断了重庆与外省的主要金融业务。票号老板也成了重庆商场上受人尊敬的财神爷。来自云南昭通的李耀庭，正是因为他有重庆"天顺祥"票号老板的头衔，才登上了重庆总商会首任总理的交椅，成为重庆商界的领袖。辛亥革命后，票号开始衰落。

其次，是钱庄的产生和迅速发展。当清末票号兴盛的时候，钱庄则主要从事本地中小商号的存放业务。随着票号的衰落，钱庄的作用就取票号而代之。钱庄由"换钱铺"和"倾销店"演变而来，重庆的第一家钱庄"同生福"成立于1894年，到民国初年，当银行业务尚未展开，而票号又走向衰落的时候，钱庄蓬勃兴起，一度达到50多家，后来逐渐减少，到30年代初，仍有20余家。钱庄业的发展有力地支持了重庆商业的繁荣，成为与商帮关系最为密切的重庆金融组织，甚至在银行出现后的相当长时间内，钱庄对重庆商业的作用都在银行之上。

银行在重庆的开办，是重庆金融中心形成过程中最重要的事件，它反映了重庆金融业近代化的重要进展，也标志着政府对重庆金融中心地位的认可。重庆第一家官办银行是1905年成立的"濬川源银行"，它隶属于四川藩司，总行设在重庆，成都设分行。1934年，四川地方银行又在重庆设立，次年四川省政府将其改组为四川省银行总行，作为四川省政府的金融机构，直到1946年，总行才迁往成都。

除此之外，国家和外省银行也相继在渝设立分行，先后有中国通商银行、大清银行、晋丰银行、中国银行、殖边银行、交通银行、中央银行，进一步巩固了重庆金融中心的地位。

重庆本地的商业银行也获得了较大发展。到30年代初，聚兴诚、大中、中和、富川、美丰、平民、川康殖业、四川盐业、市民、四川商业等行相继建立。其中以聚兴诚银行最为重要，它是四川民族资本经营的第一家商业银行。重庆杨氏家族以100万元资本创办该行，雄心勃勃地欲仿效日本三井财团，计划以银行为核心开办其他业务，组成一个包括金融、外贸、航运、工矿等多种行业的庞大的杨氏家族托拉斯垄断集团。在"植根西南"方针的指导下，经过30年经营，聚兴诚银行成为川帮银行中资力最厚、信誉最高的全国性商业银行，蜚声国际金融界。美丰银行则是重庆第一家中外合资商业银行，1922年成立，在重庆金融市场上有举足轻重的作用。

重庆地方政府银行、国家银行、外省银行、本地商业银行的相继建立，改变了重庆金融结构及四川的传统货币体系，银行终于成为重庆金融业的主体。

除此以外，重庆的保险业、信托业、典当业、各种储蓄会，以及证券交易所、票据交换所也纷纷设立，有所发展。

金融业的发展，促进了金融业的合作。1909年，重庆钱帮已跃居各帮之首，成立了"钱帮公所"，1926年改组为重庆钱业公会，1931年又在银行发展的基础上成立了"重庆市银行业同业公会"。到30年代中期，已形成以重庆为中心，在同一时间同一利率支配下资金结贷的完整的金融市场。重庆已成为名副其实的四川省金融中心。

重庆商业、金融中心的形成,必然刺激以重庆为枢纽的川江水路运输的空前发展,使重庆开始成为四川的交通中心。

辛亥革命以前,川江航运主要依赖木船运输,20世纪初年,重庆港常年进出木船约2万只,运送货物约50万吨。它们分别来自四川各地,以及湖南、湖北、贵州、云南。其中11.54%由重庆海关管理,称"挂旗船";其余88.46%由常关管理,称"厘金船"。其间,从1898年开始,陆续有外国轮船和军舰闯入,但并无商业价值。

川江航运史上具有划时代意义的事件是1908年官商合办的"川江行轮有限公司"的成立和1909年它的第一艘商轮"蜀通"号的开航。这一壮举极大地鼓舞了重庆商界,纷纷投资航运业。辛亥革命后到五四运动前,川江航运业开始了它的第一次大发展。1914年是川江航运史上重要的一年,其轮船运输量由1913年的5096吨,提高到25447吨,是1913年的近5倍。这主要是由于该年又有多艘轮船投入川江航运,如川江行轮有限公司的"蜀亨"号,川路轮船公司的"大川"、"利川"号,华川轮船公司的"庆余"号等。由于第一次世界大战的爆发,西方列强无暇东顾,使得这一时期成为"轮船事业,风起云涌"的"华轮独营时代"。以重庆为枢纽的四川轮船运输体系至此初步形成。

以重庆为中心的公路、铁路、航空业在这一时期也有了缓慢的发展。四川的公路修筑,始于防区时代,初以重庆为中心。1927年,刘湘的第二十一军在重庆设"渝简马路局",修筑重庆至简阳的马路,几经曲折,1933年方才竣工,至此,四川公路的第一条干线成都—重庆段全线开通。后刘湘又将该局相继改为"成渝路政总局"、"四川公路总局",督修四川境内公路。但终因军阀割据,各自为政,公路难以联网,筑路标准又低,且管理不善,到1935年7月底,四川公路局仅有汽车20余辆,营业路段也仅成渝一线。与公路相比,铁路更是少得可怜,到抗战前夕,在重庆建成的铁路只有一小段用于煤炭运输的矿区铁路——北川铁路,全长仅10公里,作用十分有限。重庆的民用航空始建于1931年,是年10月,中国航空公司开辟了汉口至重庆航线,不久,中航公司又开辟重庆至成都航线,使沪蓉线全线开通,1935年4月,中航公司又开通了重庆至昆明航线,并在重庆广阳坝、珊瑚坝、九龙坡分别修筑了三个机场。

通信业也有了一定的发展。重庆有线电报始于1886年,1928年6月又在重庆大万坪、弋阳观设无线电台,重庆始有无线电报。1936年,成渝、川黔间的长途电话也相继开通。

近代工业的初步发展

一个完全意义上的经济中心,首先必须是工业生产的中心。但是,重庆近代工业的发展却步履蹒跚,与重庆同期发达的商业、金融业、交通业相比,处于明显的滞后状态。到抗战前夕,重庆未能成为真正的工业生产中心。重庆开埠后,在流通领域大发展和外资入侵的刺激下,重庆近代工业毕竟已开始产生,并在20世纪初年得到初步的发展。

重庆的第一家民营新式工厂是1891年建立的森昌泰和森昌正火柴厂。到辛亥革命前后,重庆已有6家火柴厂,占四川的2/3,创办资本18万元,仅次于天津和上海,成为中国火柴业初创时期的生产中心之一。

缫丝业是重庆唯一使用蒸汽动力的行业。第一家机器缫丝厂"蜀眉"厂创办于1908年,以后又陆续开办了诚成丝厂、旭东丝厂、蔽川丝厂以及日商开办的又新丝厂等,到抗战前夕,重庆有机器缫丝厂10家,缫车3176部,分别占全省缫丝业的50%和50.75%。

重庆棉纺织业自清末以来发展迅速,到1933年达于极盛,各类棉织工厂达1300多家,但是生产水平却普遍低下,大部分棉织工厂使用木轮织机,只有一部分工厂使用先进的铁轮织机,而且除了卢作孚创办的"三峡染织厂"用电力织布外,其余工厂均不使用机械动力。因此,严格地说,重庆棉织业生产仍处于工场手工业阶段,到抗战前夕,偌大重庆竟没有一枚纱锭。

机器采煤业是重庆规模最大的行业。辛亥革命前,英商立德乐开办的华英公司和华商创办的江合公司分别有资本69万元和20万元,是当时重庆资本最多的企业。1933年,重庆又成立了"天府煤矿股份有限公司",资本20余万元,年产煤4万吨,成为辛亥革命后四川最大的煤矿公司。

重庆玻璃业在这个时期也有了较大的发展，特别是1906年创办的鹿蒿玻璃厂，是重庆第一家使用现代技术设备生产日用玻璃和美术玻璃的工厂。该厂产品多次获得四川工商赛会金奖，还获得巴拿马国际博览会一等奖。

钢铁、机器制造业也开始在重庆露头。1919年开始筹办重庆电气炼钢厂，1934年又创办了隶属华西兴业公司的华联钢铁厂，两厂均于1936年投产。1928年创立的民生机器厂和1934年建成投产的华兴机器厂则是近代重庆两家著名的机器制造厂。

重庆电力工业也在这个时期崭露头角。1908年，重庆烛川电灯公司成立，但因资金不足，只能供应少数住户、主要商号和部分街道照明。1934年8月，重庆军、政、商、金融各界头面人物发起成立了官商合办的重庆电力股份有限公司，在大溪沟设立电厂，当年开始发电，到抗战前夕，重庆电力工业在全川已占相当比重。

此外，重庆的猪鬃、面粉、皮革、水泥、造纸、酿酒等行业均有一定程度的发展。

总之，重庆开埠后，近代工业从无到有，经过20世纪初年的初步发展，到抗战前夕，已具备一定的工业规模，先进的工业技术已经出现，大工业的标志钢铁业和电力业已经露头，从而为后来重庆工业中心的形成奠定了基础。据专家统计，1937年以前，重庆已有14个工矿行业，41家企业，资本397万元，职工8000人，约占四川工业资本总额的61.5%、厂家的

71%、工人的68.9%。

如果仅仅以这些数字来判断重庆近代工业的发展水平，似乎令人乐观。但是切不可忘记，身居内地的四川工业与沿海和沿江其他省份工业发展的巨大差距。据统计，1933年，重庆占全国工厂、资本、工人、生产净值四项指标的百分比分别为2%、1.5%、1.6%、0.8%，徘徊在全国12个主要城市的第七至八位，落后于上海、天津、北京、广州、武汉、南京，有的甚至不如无锡和青岛。

到抗战前夕，重庆近代工业的发展水平不仅在全国居于后列，而且还滞后于重庆商业、金融业、交通业的发展，在重庆社会生活中作用甚小。因此可以说重庆还没有成为一个真正的工业生产中心。

重庆商业、金融、交通中心的形成和近代工业的初步发展，促使重庆城市的经济功能逐渐上升，并取代政治功能成为重庆城的主要功能。重庆，正由一个古代城市演变为近代城市，一个川东地区的军政中心演变为近代四川的经济中心，西南最大的商业城市。重庆经济中心已初步形成。

四　山城风雷

反洋教怒潮

重庆的开埠，重庆经济中心的初步形成，大大加强了重庆与外界的联系，使极端闭塞的古城重庆开始接受欧风美雨的洗礼，成为中国西南地区民主思想传播的"信息窗口"。具有光荣革命斗争传统的重庆人民在欧风美雨的激荡下，为适应新局面，推进城市政治民主化进行了不懈的努力。古城重庆，成为四川近代革命运动的中心，一个富于革命精神的近代城市。

不言而喻，帝国主义强迫开放重庆为通商口岸，并不是要把重庆演变为一个近代化的城市，成为中华巨龙的腾飞基地，而是想把重庆变成他们为所欲为、肆意蹂躏的半殖民地、殖民地的城市。但是，英雄的重庆儿女一经接受西方民主思想的熏陶，就迸发出火一样的革命激情，他们不甘心受奴役被侮辱的命运，为争得民族的独立与自由，为把重庆建设成为政治民主化、经济近代化的近代城市，同帝国主义及其走狗进行了长期不屈不挠的斗争，一场波澜壮阔的伟大的反帝反封建斗争在山城重庆打响了。

还在重庆开埠之前,资本主义的政治、经济、文化势力即开始渗透到重庆地区,其中尤以传教士充当了侵略重庆的急先锋。外国教会势力在重庆地区急剧膨胀,仅开埠之初,正式登记的在渝外国教会就有7个,教士175人,教徒达10万人,其中法国天主教势力最为庞大。教士们在宗教的外衣下,干着杀人越货、养奸纵恶、包揽词讼、霸占良田、奸淫妇女的勾当,从而激起了重庆各阶层群众的满腔义愤。开风气之先的重庆人民率先吹响了四川人民反洋教斗争的号角。

1862年,法国天主教川东主教范若瑟向清政府总理各国事务衙门指名索取重庆长安寺,以扩建天主堂。他诡称:"长安寺不过是一闲废之寺,如能拨给此寺,即可抵偿合川等四处教堂之原址。"昏庸的清政府不察虚实,当即应允,同意将长安寺划归法国天主教川东教区改建天主堂,并饬令重庆地方官员妥善办理。长安寺是重庆城内的一大风景名胜,内供关帝、文昌、吕祖三尊铜像,一直为川东人民所顶礼膜拜,香火甚旺。同时长安寺地势险要,是俯瞰重庆全城的制高点,川东水陆交通的咽喉所在,历来为兵家必争之地。因此,清政府的谕旨一下,群情大哗,重庆绅商联名向官府递送呈状,要求另拨地方与法国天主教修建教堂。但是,蛮横的范若瑟拒不接受,反而以总理衙门的谕令要挟重庆地方政府,限期交割长安寺。被激怒的山城人民纷纷走上街头,将重庆城内法国天主教的真原堂、传经公所、医院和学校同时捣毁,还严惩了为虎作㑊的教棍罗广济。教案发生后,清政府指派四川总督崇实前往重庆查办,在崇实的软硬兼施下,重庆绅商首先屈服,提出愿出白银20万两,修建被毁教堂,并将长安寺拱手相让。但是英勇的重庆人民并不答应,继续进行斗争,崇实眼看若强行交割会激起民变,因此,不敢贸然将长安寺交给法国。范若瑟见势不妙,也只好罢休,答应放弃长安寺,由清政府另外拨地建立天主堂。第一次重庆教案遂以人民的胜利而告终。

1886年,英、美教会先后在重庆南岸鹅项颈、丛树牌、亮风垭修建教堂。这三处地方都是重庆险要之地,外国教会强占此险,其侵略野心已昭然若揭。重庆士民联名上奏,指出:"洋人果欲传教通商,则通衢大镇,教堂已属不少,何更踞此形胜?"要求清政府严令禁止外国教会在上述地方修建教堂。但是,腐败的清政府置之不理。于是,愤怒的山城人民自发组织起来,先后捣毁了重庆郊外的亮风垭、丛树牌的教堂,又进城捣毁了天主教堂。范若瑟见势不妙,指使教徒罗保之收买暴徒袭击打教群众,当场杀死12人,伤22人,失踪数人,酿成了骇人听闻的血案。这更激起了重庆人民的义愤,他们纷纷行动起来,商人罢市,考生罢考,数千群众再次从城内打到城外,所到之处,教堂均被捣毁,洋房无一幸免,前来保护洋教的清军也遭到沉重打击。在这次声势浩大的反洋教斗争中,在重庆的英美法等国传教士的财产均被摧毁,所有教士都离开重庆,逃往汉口。尽管在清政府的镇压下,这次反洋教斗争以失败告终,但是,重庆人民疾风暴雨式的斗争却沉重打击了帝国主义及其走狗的嚣张气焰。美国公使田贝惊呼："这一重庆暴动,是许多年来最激烈的一次。"

在波澜壮阔的重庆人民反洋教斗争中,影响最大的无疑是大足(重庆府属县)余栋臣领导的反帝武装起义。1890年农历六月十九日,是大足人民一年一度的迎神会,大足主教彭若瑟唯恐群众借此集会打教灭洋,便强迫大足知县禁止迎神会的召开,教徒王怀之又趁机寻事,烧毁民房,被激怒的群众群起鼓噪,一举将大足县龙水镇上的教堂尽行打毁。余栋臣乘机发动群众举行了第一次反帝武装起义,发布檄文,号召各乡群众驱逐教士,声讨地主官绅助纣为虐。由于清政府的分化瓦解和武力围剿,起义失败,余栋臣率众退出龙水镇,潜伏于县境的西山之中。1898年,余栋臣被清政府诱捕,义军首领蒋赞臣、张桂山得讯后,立即率领西山煤窑纸厂的数百工人前往荣昌劫狱,救回了余栋臣。余栋臣回到龙水镇后,再举义旗,联合四乡百姓杀洋灭教,还活捉了法国主教华芳济。面对日益壮大的义军声威,清政府十分恐慌,特派四川藩司王之春前往镇压。王之春始则劝降,既而进剿,由于敌众我寡,义军被困于西山之中,在紧要关头,余栋臣、蒋赞臣先后动摇,下山请降,一场轰轰烈烈的反帝武装起义失败了。

重庆人民此起彼伏的反洋教斗争使得帝国主义分子忧心忡忡,重庆海关税务司华特森哀叹:"教民问题,和这个省份里不断的民教争端,继续是酿祸之源,不需要很大的远见，就可以预言不远的将来还有一次暴动。"果然，随着19世纪末北方义和团的兴起，重庆人民再一次站到了反洋教斗争的最前列。1901年6月，重庆义和团首先发生揭帖，提出了"灭清、剿洋、兴汉"的口号，在四川境内首次举起了反帝反封建的旗帜，引发了全川义和团的大起义。起义洪峰在川东、川西、川南、川北、川中突起，所到之处，毁教堂、驱教士、打清军、诛贪官，抗捐抗粮，打富济贫，使一座座城池被攻破，一座座教堂被捣毁，一顶顶乌纱帽落地，一颗颗洋人头啃泥。一场反帝反封建的革命风暴震荡着巴山蜀水。

"西学西渐"

重庆地处中国西南，民主思想在重庆的传播，也可以说是"西学西渐"的结果。随着近代经济的初步形成，重庆的近代文化得到了大的发展，新式教育也开始出现，1892年，川东道黎庶昌在重庆创立川东洋务学堂。到1911年，重庆已有官私立各类学校45所，成为四川省新式学堂最多的地区。同时，重庆又是四川省选派官费、自费留学生最多的地区。宣传新思想的报刊也陆续创办，如《渝报》、《广益丛报》、《重庆日报》、《开智白话报》等，四川留日学生在日本东京创办的《鹃声》、《四川》也传入重庆，一时间，重庆成为西南地区民主思想传播的"信息窗口"。

这一"信息窗口"的开辟始于戊戌维新时期。戊戊维新是资产阶级改良派发动的一场要求君主立宪、发展民族资本主义的全国性政治运动。重庆的维新运动则是这股时代新潮的一朵浪花。1896年，著名的资产阶级改良思想家宋育仁回到重庆，带来了维新变法的火种。1897年11月，宋育仁联合一批具有维新思想的知识分子在重庆创办了四川近代史上第一家具有改良倾向的爱国杂志——《渝报》，树起了维新宣传的旗帜。《渝报》从第3期起，连载了宋育仁的力作《时务论》，大力宣传资产阶级代议制，赞扬资本主义国家"以商立国，以富为本"的经济政策，鼓吹自由平等的法律原则，羡慕西方"胜兵强国"的军事制度，欣赏作为议员进身之阶的教育体系，对清朝制度进行了全面的、较深刻的批判，并在此基础上提出了政治、经济、军事、文化、法律诸方面的改良主张。

《渝报》的创办和《时务论》的发表，使改良主义思潮在重庆得到了广泛传播，给万马齐喑的重庆思想界带来了一丝新鲜空气，启迪和影响了一代重庆青年。但是，戊戌变法犹如昙花一现，六君子的血宣告了改良主义不能救中国，深受改良主义思潮影响的重庆知识分子开始了新的抉择，一部分人继续坚持改良主张，另一部分人则由改良进而走上革命的道路。邹容、杨庶堪正是他们的杰出代表。

邹容，又名威丹，重庆人。他在深重的民族危机和清朝的腐败统治下养成了强烈的爱国情操和叛逆性格，对谭嗣同"横刀向天笑"的豪迈之气十分敬佩。1902年东渡日本留学后，邹容精读了卢梭的《民约论》、孟德斯鸠的《万法精义》、约翰·穆勒的《自由之理》以及有关美、法资产阶级革命的历史书籍，还积极投身于东京留学生界的革命斗争，成为与革命女豪杰秋瑾齐名的演说家。1903年5月，他在上海出版了著名的《革命军》，这是中国近代史上第一部系统地、旗帜鲜明地宣传革命、宣传资产阶级民主共和国思想的不朽宏文，被誉为"中国的人权宣言"。《革命军》一书发表后，不胫而走，风行海内外，居清末革命书刊销数的第一位，引导许多青年踏上了革命征程，诚如亲身经历过辛亥革命的鲁迅先生所指出的："便是悲壮淋漓的诗文，也不过是纸片上的东西，于后来的武昌起义怕没有什么大关系。倘说影响，则别的千言万语，大概都抵不过浅近直截的'革命军马前卒邹容'所作的《革命军》"。重庆的知识青年也深受《革命军》的熏陶，1904年春，重庆革命党人卞小吾将《革命军》带回重庆，在同志中广泛传阅，点燃了一代重庆青年心中的革命火种。

邹容的战友杨庶堪与留日学生陈崇功、朱蕴章等人在重庆秘密成立了四川第一个资产阶级革命小团体——公强会，创办《广益丛报》，宣传革命思想。1905年，中国同盟会在日本东京成立，公强会推举杨庶堪、朱之洪首应盟约，改组公强会，成立了中国同盟会重庆支部，有力地推进了重庆地区革命运动的发展。从此，重庆成为四川资产阶级革命运动的中心。

重庆革命党人一面利用《广益丛报》、《重庆日报》、《四川》、《鹃声》等报刊和新式学堂进行革命宣传，一面暗中积蓄力量，等待武装起义的时机。1911

年，遍及全川的保路运动如火如荼地开展起来，使重庆地区革命运动迎来了新的高潮。

3 保矿、保路风潮

重庆第一家民营新式工厂森昌泰和森昌正火柴厂的创办，标志着民族资本主义经济开始在重庆破土而出。尽管它在外国资本和强大的封建经济的夹缝中显得那么弱小，甚至微不足道，但是，在封闭落后的重庆和四川，它毕竟代表着一种新的生产力和生产关系，是重庆走向近代社会的曙光。重庆的民族资产阶级诞生伊始，即把矛头对准了掠夺重庆的外国资本，喊出了"振兴商务，挽回利权"的口号，从而在20世纪初的重庆掀起了一场挽回利权的反帝爱国运动。

清末新政以后，清政府采取了一些客观上有利于民族资本主义发展的措施，如在中央设立商部，地方成立商会等。重庆作为当时全国七大商埠之一，于1904年10月17日成立重庆商务总会，由重庆"天顺祥"票号老板、分省补用知县李耀庭担任首任总理，陕西候选部经历杨怡为协理，订立了《重庆商会章程》18条，旨在"图谋工商业及对外贸易之发展，增进工商共同之福利"，并创办《重庆商会公报》作为喉舌。

鉴于进入20世纪后，在"保全主义"的幌子下，帝国主义改变了惯用的侵华手段，改用"输人之产"的经济战争即"商战"来达到"沦人之国，灭人之种"的侵略目的，重庆商务总会针锋相对地提出以商战来对付帝国主义的商战，号召重庆工商各业，立足于国内市场，补塞漏卮，挽回利权，然后打入国际市场，与欧美列强争雄。正如商会大门上的对联所说："商战有何奇哉，只期补塞漏卮共谋公益，会心当不在远，要识挽回大局各保利权。"在"商战"口号的激励下，继火柴业之后，重庆的棉织、缫丝、川江航运、电力、煤矿、玻璃等行业也出现了一批民族资本经营的企业。这些企业的创办，在一定程度上抵制了洋货的倾销，挽回了部分利权。例如火柴，1905年销售了2万余箱，大大减少了瑞典、德国、日本火柴的进口，"挽回20余万两利权"。据《重庆关册》记载，1907年，重庆进口的外国玻璃器皿开始减少，原因也在于"本省玻璃厂仿佛抵制所致"，仅鹿蒿玻璃厂一家，1910年就获纯利2万余元。

在20世纪初年重庆人民挽回利权的爱国运动中最辉煌的篇章莫过于收回江北厅矿权和保卫川汉铁路路权的斗争。

我们前文说过，在帝国主义大肆掠夺重庆矿产资源的狂潮中，立德乐通过与四川矿务总局、保富公司签订的合同，获得了龙王硐30平方华里内的矿藏开采权，并获准修筑一条由龙王硐到嘉陵江边狮子口长达40余华里的轻便运煤铁路。而且合同还规定，立德乐可向清政府另外指索矿地，范围波及整个江北厅。立德乐的巧取豪夺激起了江北厅人民的强烈不满，江北士绅为保利权，于1905年合力集资组成"江合矿务公司"，谋求抵制立德乐的华英公司的扩张。根据保富公司与华英公司所订合同第五条"……所指之地，如现有华商开办,该公司不得重指",江合公司在盛产煤铁的江北东西两山,将英商尚未指索开采的矿地先行收买,从而制止英商的继续扩张。

  1908年,立德乐发现东山石牛沟矿层十分丰富,就催请英驻渝领事照会川东道,指索石牛沟矿地。石牛沟矿地早已由江合公司出价3百多两银向傅姓购得,只是一直未进行开凿门洞。江合公司总经理杨朝杰之兄杨宝珊当时正在英驻渝领事馆当文案,得知立德乐要指名索要石牛沟,立即通知了杨朝杰。江合公司当机立断,先下手为强,派文化成星夜驰往石牛沟,雇佣石工10余人,分昼夜两班开凿门洞,造成石牛沟矿地已由华商开采的既成事实。数日之后,英商会同江北厅所派人员前往查勘矿地,见此情景,只得苦笑而已。江北厅同知袁牖乘机以合同第五条的规定为由,一口回绝了立德乐的侵略要求。但是,立德乐并不罢休,他转赴北京外务部坐索石牛沟矿地,外务部诿诸四川总督,川督又照例往下推诿,指示由川东道会同英领事,召集江合、华英两公司谈判,解决石牛沟归属问题。在谈判桌上,英商代表蛮横地宣称:"石牛沟在第一界龙王硐30平方华里界内,30平方华里应按长方形计算,故应开办到石牛沟。"江合公司代表文化成据理反驳,认为"合同规定30平方华里,只能按四方形计算,不能延伸到石牛沟",他还拿出英领事的照会,指着原文说:"领事馆照会明白指定为开第二界矿藏而要石牛沟,怎能说成它是属于第一界内呢?"英商代表理屈词穷,自知指索石牛沟矿地无望,再加上当时由于江北厅人民的反抗斗争使英商的运煤铁路无法修建，煤炭运输发生困难，于是华英公司代表主动提出交还龙王硐矿权，但要赔偿英商损失40万两白银。经过一番讨价还价，最后江合公司以22万两白银的代价顶买了华英公司的所有开矿权利，及铁路器材、机器、窑厂、煤炭及龙王硐、狮子口等处房屋家具，收回了被英商夺去的江北厅矿权。江北绅商收回江北厅矿权的斗争，被称为与著名的直隶官绅要求收回开平煤矿、安徽绅商收回铜官山矿权斗争齐名的中国"矿务三大事"。

1911年，一场更为声势浩大的挽回利权斗争在重庆爆发，这就是重庆近代史上著名的"保路运动"。帝国主义在入侵四川伊始，就因为川江航运无利可图，而"舍轮舶而就火车之利"，开始染指四川铁路，四川人民因此掀起了维护路权的斗争。1907年，经清政府批准，川汉铁路改为商办，四川各界人民踊跃集股修路。股本的主要来源是"按租出股，收租在十石以上者，百分取三"，因此，川汉铁路与全川人民都有直接的经济联系。重庆更是成为四川省集股最多的地区。1911年5月，清政府突然颁布了"铁路国有"政策，宣布各省一律不准自办铁路，已商办铁路皆收归国有，并于当月向英、法、德、美四国银行团贷款，出卖铁路主权。同时，清政府还要侵吞已抽收的川汉铁路股款。消息传来，举国沸腾，深受切肤之痛的四川人民更是群情激昂，1911年6月17日，川汉铁路公司在成都召开会议，成立了四川保路同志会，提出了"保路破约"的口号。消息传到重庆，重庆各界也积极响应。

6月28日，重庆召开铁路股东分会，继成都之后，在全川各道府州中率先成立了重庆保路同志协会，重庆妇女界也积极行动起来，成立了女界保路同志协会。重庆保路同志会一面选派代表会见川东道，要求上奏清廷收回"铁路国有"政策，保护四川人民的权益；一面派出宣传员分赴各州县，动员广大群众参加保路运动，在同盟会重庆支部的推动下，重庆所属荣昌、永川、大足、铜梁、江津、长寿等县纷纷集会，成立了保路同志协会。

正当重庆和四川人民的保路斗争如火如荼地开展之时，四川总督赵尔丰竟在成都制造血案，枪杀手无寸铁的请愿群众数十人，血案犹如一颗石子激起千层巨浪，更加激起了四川人民的极大愤慨。8月24日，成都开始罢市罢课，风潮迅速席卷全川。重庆革命党人因势利导，突破"文明争路"的框框，在重庆发动武装起义，在立宪派苦心营筑的保路斗争舞台上，演出了自己独特的扭转乾坤、震动全国的威武雄壮的新戏。

蜀军政府

在波澜壮阔的重庆人民保路斗争中，杨庶堪、张培爵为首的重庆革命党人因势利导，不但领导了重庆人民的保路斗争，而且不失时机地把"文明争路"发展为推翻清王朝在重庆统治的武装起义。

保路运动伊始，重庆革命党人即认为文明争路

"非根本革命,无以拯救人民",因此,决定"借保路之名,行革命之实"。他们积极领导了重庆人民的保路斗争,在斗争中教育群众,激发他们的革命热情。7月上中旬,同盟会重庆支部连日在万寿宫、禹王庙召开万人大会,揭露清政府卖路夺款的罪行,为推翻清朝统治、建立民国大造舆论,以激励全市人民的革命热情,并暗中积蓄力量,等待革命时机的成熟。"成都血案"发生后,形势急转直下,四川保路运动迅速发展成为推翻清王朝在四川统治的保路同志军起义。9月25日,吴玉章在荣县首举义旗,起义的烈火在巴山蜀水熊熊燃烧。重庆革命党人审时度势,决定发动武装起义,光复重庆。

当时重庆城内敌我双方力量的对比正朝着有利于革命党人的一面发展:重庆革命党人通过组织商团、民团和义勇队,掌握了一支由革命党人控制的武装力量;同时,在重庆革命党人晓以大义下,驻守重庆制高点五福宫的川东道署直属炮队营统兵官邓昆山和新建防军第三营统领李湛阳均表示输诚革命。重庆武装起义的时机成熟了。但是,钦差大臣端方突然率领2000多清军杀气腾腾地抵达重庆,使重庆敌我态势发生逆转。为了保证重庆起义的成功,杨庶堪、张培爵巧设"调虎离山"之计,分派同盟会员到重庆附近各州县联络,约定由这些地方的革命党人先期发动起义,调出端方,以保证重庆起义的成功。11月18日,同盟会员廖树勋在长寿首举义旗,成立了长寿军政府,攻打涪陵、江北、垫江等地。20日,同盟会员高亚衡也在涪陵宣布起义，随即攻下丰都、忠县。武隆、彭水、酉阳、黔江、秀山等地也先后响应，纷纷独立。川东南地区的革命烈火已成燎原之势。端方在重庆再也坐不住了。他急急忙忙地率领清军主力离开重庆，去镇压各地起义。重庆成了一座空城。与此同时，原清军第十七镇排长、革命党人夏之时在成都龙泉驿策动新军起义，随即挥师重庆，进驻重庆西大门——浮图关，使重庆守敌成为瓮中之鳖。11月22日，重庆守敌投诚。重庆革命党人控制的武装力量打开四门，迎接夏军入城。杨庶堪、张培爵等当日在重庆朝天观召开大会，宣布重庆独立，成立"中华民国蜀军政府"。清朝重庆知府钮传善、巴县知县段荣嘉见大势已去，不得不缴印投降，清政府在重庆的统治寿终正寝。重庆人民纷纷挂出写有"汉"字的白布旗帜，并拥向街头，欢庆胜利，"反正了！""独立了！""民国万岁！"的欢呼声响彻全城。

蜀军政府是同盟会重庆支部建立的省级革命政权，也是重庆政治民主化进程的重要一环。革命党人张培爵为蜀军政府首任都督，夏之时为副都督，杨庶堪、朱之洪为高等顾问，在各部院正副部长中，90%以上皆为同盟会员。蜀军政府成立后，在政治、经济、军事各方面采取了一系列革命措施，以巩固新生的革命政权。

它刚一成立，即颁布了《蜀军政府政纲》和《蜀军政府对内、对外宣言》。《蜀军政府政纲》宣布自己"以谋求中华民国之统一与廓清全蜀"为宗旨，规定了应设立的政权组织机构及其职权范围：以蜀军都督府为蜀军政府的最高机关，由都督总揽军务及政务，下设参谋、司令、军务、行政、财政、司法、外交、交通8部和秘书、审计、监察3院，分理军政事务；并由蜀军政府所属地区，公举代表组成公民大会，会同都督、各部院长官共商施政方针。"政纲"还宣布待全蜀廓清，中华民国统一后，颁布民国宪法及各种法律，则此政纲自当废止。

《蜀军政府对内宣言》宣布政府以同盟会的政治纲领"驱除鞑虏，恢复中华，创立民国，平均地权"为纲领，体现了民主共和制度的基本原则。

《蜀军政府对外宣言》宣布清政府与各国在"鄂军第一次宣言之后"签订的条约及国债等事"概不承认"；如外国援助清政府，"概以敌视"，"其接济清政府之战时禁品……一概搜获没收"，警告帝国主义不要与革命为敌。

由于时代的局限，蜀军政府也没能克服当时各省革命政府所共有的弱点，反帝反封建不彻底。如在给川东各府厅州县的文告中宣称只要清吏"将伪印呈缴本政府，仍可协同本地绅民，认真办事，不必惊疑"，而"本地绅民，亦应弹压匪类，不宜与满清官吏为难"；同时，蜀军政府在《对外宣言》中宣布中国与各国的一切条约（武昌起义前），继续有效，所欠外债，依然由海关偿还，所有外国人在重庆利益（包括人身、教会、贸易）一律保护。

在经济政策上，蜀军政府接管了大清银行分行和清朝地方银行"濬川源",将大清银行分行改为大汉银行,设立金库,隶属于财政部;并明令川东各州县,原应向川东道、重庆府缴纳的地丁钱粮及厘税等项,一律上交蜀军政府财政部,存入大汉银行,由此控制了重庆的经济命脉。同时,蜀军政府着手恢复生产和贸易,减免税厘,以纾民困;宣布即日起各省银元、铜元一律流通使用,肉厘、牛羊、酒捐、油捐一律减收二成,各种进口杂税,尽行裁除。

军事上,蜀军政府主要进行了平叛和准备西征、北伐三件大事。

蜀军政府成立之初,政权很不稳固,哗变叛乱时有发生。最严重的一次是原清军教官、时任蜀军政府总司令的林绍泉乘蜀军政府西征之机,勾结旧军官舒伯渊等人阴谋颠覆蜀军政府,自任都督。消息传开后,重庆闹得满城风雨,刚刚欢呼"民国万岁"的重庆人民心头又蒙上了一层阴影,街谈巷议,惶惶不安。张培爵、夏之时面对严峻的局势,也张皇失措,大有大厦将倾之势。在这一筹莫展、千钧一发的关头,革命党人吴玉章途经重庆,他当机立断,连夜召开紧急会议,当场解除了林绍泉的所有职务,遣回原籍,并将舒伯渊等4名主要策划者处以死刑,迅速平息了这场颠覆蜀军政府的严重叛乱。

蜀军政府的成立,四川革命形势的迅猛发展,使驻守成都的清朝四川总督赵尔丰惊恐万状,他急忙与立宪派妥协,在成都拼凑起大汉四川军政府,妄图以此阻挡革命风潮。蜀军政府随即发动西征,促使大汉四川军政府发生政局更迭，旧军官尹昌衡诛杀赵尔丰，取得了大汉四川军政府的最高权力。

尹昌衡当上大汉四川军政府的都督后，一心想用武力吞并重庆蜀军政府，统一四川。在这紧要关头，重庆革命党人却天真地认为尹昌衡诛杀赵尔丰有功，引为同志，答应与四川军政府合并。1912年1月27日，成渝双方代表张治祥、朱之洪在荣昌谈判，签订合并协议。大汉四川军政府与蜀军政府合并成立"中华民国四川都督府"，原蜀军政府改称"重庆镇抚府"。蜀军政府都督张培爵表示"革命党人不恋权位"，通电推尹昌衡为四川都督府都督，自己甘居副职。不久，重庆镇抚府总长一职也被尹昌衡的亲信胡景伊窃取。重庆革命党人怀着真诚的救国救民的愿望，轻易地让出了革命领导权，为辛亥革命在四川的失败埋下了祸根。

1913年3月，袁世凯在窃取中华民国临时大总统后，派人暗杀了国民党代理理事长宋教仁，撕下了革命的伪装，肆无忌惮地向革命党人举起了屠刀。此时，尹昌衡已被胡景伊所排挤。胡景伊这个袁世凯的忠实走卒也磨刀霍霍，准备进攻革命党人控制的重庆。一时间，山雨欲来风满楼，驻守重庆的川军第五师师长、革命党人熊克武和杨庶堪等人抱着"宁为玉碎，亦决心一拼"的想法，响应孙中山领导的"二次革命"，在四川发动讨袁起义，史称"癸丑之役"。由于寡不敌众，经过近两个月的浴血奋战，山城重庆失陷了，熊克武、杨庶堪亡命天涯，张培爵也在北京慷慨就义。

此后,重庆和四川的革命党人屡仆屡起,先后发动护国运动,护法运动,重庆一度为革命党人所控制。但前门驱狼,后门进虎,赶跑了北洋军阀,重庆又陷入了四川、云南、贵州等地军阀割据混战的泥潭。

正当古城重庆浓雾深锁之时,十月革命的胜利似晨光划破夜空,马列主义开始传入中国,在马列主义的影响下,重庆人民的革命斗争翻开了新的一页。

5 五四运动

1919年初,在英、美、法、日、意的操纵下,第一次世界大战中的战胜国在法国巴黎凡尔赛宫召开了"和平会议",中国也作为战胜国派出了代表。中国代表在会上提出了废除列强在华特权等7项要求,但遭到大会的拒绝。而且,大会通过的《巴黎和约》还规定将德国在中国山东的特权全部转让给日本。消息传到国内,5月4日,北京学生5000余人立即冲上街头,举行示威游行,高呼"外争国权"、"内惩国贼"、"还我青岛"、"取消二十一条"等口号。一场声势浩大的反帝反封建的爱国运动迅速由北京席卷全国。

四川素来闭塞,消息传到重庆已是5月中旬。重庆人民被巴黎和会同意日本掠夺山东权益所激怒,青年学生首先燃起了反侵略、反卖国的怒火。5月20日上午,川东师范学校、重庆联中、商业中学、巴县中学等校代表60余人,在爱德堂集会,声援北京学生的爱国斗争,并于24日下午成立了"川东学生救国团",

由川东师范学校学生徐星耀任总干事。川东学生救国团分别致电北京大学和上海救国团,表示愿为后盾,并通电声讨北洋军阀政府,抗议逮捕学生,强烈要求"废条约、还青岛、释学生"。同时,救国团还致电巴黎和会中国专使,要他们"使不辱命,为国争光,力争青岛……若不直接交还,死不签字"。5月27日,重庆二女师学生也发起组织了"川东女子救国联合会",女学生们慨然表示:"妹等虽弱女子……岂可坐观国亡而不思补救之策",她们电告北洋政府:"青岛不还,国权丧失,万劫不复。生等虽属女子界,同为国民一分子,一致誓死否认。"

为了响应北京学生的罢课宣言,重庆20多所官、私立学校及教会学校于6月3日同时罢课,举行大规模示威游行。参加游行的学生人人手拿一面小旗,上书"还我青岛"、"惩办国贼"、"誓雪国耻",并沿途散发传单,高呼口号。沿街群众观者如潮,一些群众还自动加入了学生的游行行列。当游行队伍来到川东道署门前,徐星耀即席发表演说,表示学生决不坐视山东主权被日本侵夺,强烈要求拒签和约,惩办国贼。其言词之恳切,令闻者动容,整个山城群情激愤。

6月9日,北京中等以上学生联合会代表熊浚、张杰、程鸿经、何思枢来到重庆活动,对重庆反帝爱国运动的发展起了推波助澜的作用。在他们的推动下,6月22日,重庆商界和学界联合成立了"重庆商学联合会",以"提倡国货,维持现状,联络商学界一致行动"为宗旨,徐星耀当选为副会长。28日,川东学生救国团改名为"川东学生联合会",并在重庆商业场召开了成立大会。在会上,学界向商界作了让步,决定今后调查日货和处理奸商,概由商学联合会执行,不得以"学生联合会"名义进行。但由此却促成了重庆学生界与重庆民族资产阶级的暂时联盟,使得以学生为主体的声势浩大的抵制日货运动在重庆迅速展开,并持续三年之久,把五四爱国运动推向了一个新的高潮。

此时的重庆,大凡与日商交往,如购买日货、乘坐日轮等,均被视为卖国行为,一经学生发现,便要在其背上印"亡国奴"三字,以儆效尤。商人杨某因私购日商三井洋行的蜇皮,被学生发现后以无顶丝轿抬着游街,沿途观者如堵,掌声不绝。而杨某在轿中则双手掩面,羞愧难当。在这种情况下,日商尽管大杀价格,甚至以送伞、送金灵丹等手段招揽顾客,但仍然很少有人问津。11月18日,重庆警察厅厅长郑贤书公开拍卖他用公款廉价买来的80多箱日货,立即遭到上千名学生的围攻,郑贤书的卫队被缴械,他本人也被迫跳窗逃跑。学生们把缴获的日货堆在朝天门码头当众焚毁,欢呼之声,响彻云霄。在四川各地学生团体的强烈要求下,四川当局被迫将郑贤书撤换,这是重庆抵制日货运动开展以来的重大胜利。

重庆学生们的反帝爱国行动,得到了社会各阶级、各阶层的广泛支持。军阀控制下的重庆军政界,由于是接受南方政府的任命,同时又由于各帝国主义之间及南北军阀之间的矛盾冲突,所以对锋芒主要直指日本帝国主义和北洋军阀政府的爱国运动，基本上是采取支持的态度。这也反映了以熊克武为首的部分四川军政界人士，在人民正义呼声的感召下所表现出来的爱国情感。

重庆民族资产阶级也加入了五四爱国运动的行列，对于抵制日货采取了积极赞助的态度。除与学界联合成立商学联合会外，一些商人还自发组织了"商界十人团"，沿途散发"商界劝醒同胞歌"、"泣告同胞书"等传单，劝告民众不买日货、不运日货、不用日钞。有王、余两位商人，将所购草帽、衣服、瓷器等数百元日货全部销毁。另一傅姓商人则撕毁已买好的去上海的日轮船票，改乘华轮东下。日本驻重庆领事松岗寿八多次要求重庆总商会维持日货，也都被总商会以"买卖自由"、"不能逼人买"为由加以拒绝。

在五四反帝爱国运动中，重庆工人阶级以前所未有的姿态登上了政治舞台。日商洋行、店铺、长轿班工人举行罢工，迫使日本人自己挑水吃，外出靠步行。码头工人也拒绝装卸日货，并表示"因听学生演说我国受欺情形，愿与日商断绝交往"。

在重庆人民的联合抵制下，日本侵略分子狼狈不堪，日货在重庆市场上几乎绝迹，日本在渝势力也遭到前所未有的打击。"五四"以后重庆民众的爱国斗争，有力地配合了全国形势，使五四运动取得了最后胜利。

由《新青年》杂志发起的，旨在提倡民主与科学的新文化运动也随着五四运动的爆发而唤醒了重庆这座闭塞的山城。《新青年》杂志如黑暗中的一盏明灯，给重庆人民带来了希望之光,在人们中间引起了强烈的反响。一个思想革命的浪潮在重庆逐渐形成。

重庆的思想、文化顿时活跃起来,"如同服了兴奋剂一般,一变以前沉默态度,而为一种热烈奋发的样子"。宣传新思想、新文化的刊物纷纷涌现,似雨后春笋。影响较大的有《川东学生周刊》、《新蜀报》、《友声》、《渝江评论》等。一些宣传新思想、新文化的小团体,如"新知识读书会"、"青年读书会"等,也纷纷涌现。重庆思想界的面貌为之一新,"打倒孔家店"、"男女平等"、"婚姻自由"、"劳工神圣"的口号风靡一时。在新思潮倡行的重庆,那种"祖宗之法不可变"的论调在青年学生中很少有市场。就连川东道尹叶炳臣,也以新派人物自居,多次到川东师范、重庆联中、重庆二女师等校作有关新潮流的讲演。由于他非常推崇杜威的教育思想,因而获得了"杜威道尹"的绰号。

死气沉沉的重庆教育界也出现了生气。重庆教育界为旧势力所控制,甚至"五四"以后有的学校还以《董仲舒下帷苦攻三年不窥园论》、《赵普以上半部论语佐太祖定天下以下半部论语佐太宗享太平论》等古色古香的题目为国文题。1921 年 1 月,少年中国学会的主要发起人、《少年中国》月刊经理陈愚生到重庆任川东道尹公署秘书长。他以一个新时代开拓者的胆识,果断撤换了几个封建顽固的校长,并把具有新思想的熊浚、张方谷、沈懋德等人分别派到重庆联中、川东师范、巴县中学等校任校长,同时还欢迎一批接受了新思潮影响的青年从京、津、沪、宁及国外到重庆担任教师。这批具有新思想的教师，在学生的强烈要求下，废除了一些不合理的训育方式，改变了国文、伦理、修身等课程的内容，并允许学生有参加社会活动和择师的自由等。不久，陈愚生又发起成立了"全川教育改进会"，提出以公允的态度，时代的眼光，科学的方法和实验的精神，共谋教育的改进，并担任该会的总干事。在陈愚生等人的努力倡导下，重庆教育界的空气为之一新，成了重庆新文化运动中最活跃最有生气的领域。

在新文化运动的推动下，一批重庆青年为寻求救国救民的真理，赴法勤工俭学。1919年8月28日，由重庆总商会会长汪云松、巴县教育局长温少鹤等人发起成立了留法勤工俭学重庆分会，先后有100余人赴法勤工俭学，其中有邓希贤（小平）、聂荣臻等人，在法国接受了马克思列宁主义，走上了革命的道路。这一时期，重庆女界也加入了留法勤工俭学的行列。1920年11月，巴县的张雅南、潘惠春、李鸿铭等10名女学生远渡重洋，赴法国勤工俭学，显示了重庆妇女对科学与民主思想的渴求。

新文化运动在重庆的深入发展，有力地推动了马克思列宁主义的广泛传播。陈愚生是重庆马克思主义运动的先驱者，在他的倡议下，1921年下半年到1922年上半年，重庆举办了数期"暑期讲学会"，无产阶级革命的先驱邓中夏、恽代英、萧楚女应邀到会演讲，传播马克思列宁主义的基本知识，从而为重庆社会主义青年团和中共重庆地委的建立打下了坚实的思想理论基础。

1922年10月10日，中国社会主义青年团重庆地方团（即重庆团地委）宣告正式成立，这是重庆的第一个马克思主义组织。它公开在报纸上发表宣言，宣称："我们唯一的主义，马克思主义；我们取用唯一的手段，经济革命；我们达到唯一的目的，无产者国家。"唐伯焜是重庆团地委的主要负责人。重庆团地委成立之初，虽然显得很幼稚，但却预示着一个新的时期即将来临。不久，童庸生、杨闇公等相继在重庆进行革命活动，萧楚女也以中共中央特派员的身份再次抵达重庆，整顿四川的团组织。1925年1月，重庆团地委改组，童庸生任书记，杨闇公、罗世文等都进入了新的团地委。随着革命斗争形势的发展，1926年2月，中共重庆地委正式建立，由杨闇公任书记，冉钧任组织部长，吴玉章任宣传部长。重庆地方团和中共重庆地委的成立，使重庆人民的革命斗争进入了一个崭新的时期。

6 大革命在重庆

辛亥革命后，资产阶级民主革命的先行者孙中山先后领导了二次革命、护国运动、护法运动，企图依靠西南军阀来推翻北洋政府的黑暗统治，重建国会和约法。但南与北一丘之貉，孙中山重建共和的努力屡遭挫折，内心十分彷徨和苦闷。十月革命的胜利，带给他新的希望。在苏俄和中国共产党的帮助下，孙中山与中国共产党真诚合作，建立革命统一战线，从而开始了他一生中最伟大的转变。1924年1月，孙中山在广州召开国民党第一次全国代表大会，决定实行"联俄、联共、扶助农工"的三大政策，并改组国民党，允许共产党员以个人身份加入国民党。国共合作在全国形成，山城重庆也迎来了国共合作的新局面。

吴玉章、杨闇公为首的中国共产党人在重庆，联合国民党左派，与国民党右派和反动军阀进行了激烈的斗争，有力地推动了国共合作局面在重庆的形成和发展。

1925年3月，孙中山在北京病逝，国民党内左右两派斗争渐趋激烈。国民党中央委员谢持、林森、邹鲁、居正、张继等借口赴西山哭灵，非法召开国民党一届四中全会，组成所谓西山会议派，与广州国民党中央公开对立。根据国民党第一届中央执行委员会的决议，各省区党员不得自由组织或自行改组，须由中央派员指导。西山会议派为夺取四川革命领导权，派右派分子石青阳赶赴重庆，抢在广州国民党中央特派员到来之前，擅自改组，于1925年7月9日在重庆忠烈祠成立了中国国民党四川临时执行委员会。右派分子黄复生、朱叔痴等9人当选为执委，随之又成立了为右派势力所控制的国民党重庆市党部。石青阳等人擅自改组遭到了广州国民党中央的否认，并特派吴玉章回重庆整理党务。8月19日，重新改组了省临时执委会，吴玉章任执委兼组织部长。他在重庆开办中法学校，开设阶级斗争、唯物史观、社会发展史等专题讲座，为革命培养了不少干部，同时还派出一大批党团员到四川各县、市筹建党部。在吴玉章的努力下,四川革命形势有了很大的起色,据不完全统计,从8月底到11月20日止,全川已有10多个县市建立了86个区分部和几个县党部,党员达8000多人。在此基础上选出了出席国民党第二次全国代表大会的代表吴玉章、杨闇公、童庸生、廖竹筼、邓懋修、唐德安、黄复生、谷醒华等人,其中共产党员和国民党左派占绝大多数,初步改变了右派控制的局面。

左派势力的蓬勃发展,使右派势力慌了手脚,他们乘吴玉章、邓懋修到广州出席国民党第二次全国代表大会之机,阴谋夺取省执委的领导权。省执委委员、右派分子朱叔痴、张赤父等人强行召开省市党部联席会议,通过了把省党部迁往成都的决议,想以此瓦解吴玉章主持的以共产党员为核心的国共合作的党务机构。之后,张赤父又天天到省党部催促将文件印信交他接收,但被省党部秘书处的邓劼刚等严词拒绝。到12月10日,张赤父竟不等邓劼刚到场交代,就自行卷走文件印信,送往成都。广州国民党中央得知这一情况后,立即复电,令省党部仍在重庆办公,并停止四川省临时执委的职权,由邓劼刚等主持秘书处的日常事务,挫败了右派的夺权阴谋。随后,广州国民党中央增派李筱亭、陈宣三、张克勤、邓劼刚为执委委员,组成了在吴玉章指导下,以李筱亭为首的新的中国国民党四川临时执行委员会,并将办公地点迁往重庆城内的莲花池。右派势力在省党部中被彻底打垮。

在国民党"二大"上被除名的右派分子邹鲁、张继、谢持等不知悔悟，又在上海另立中央，与广州国民党中央执行委员会公开对抗。他们旋即指派石青阳为指导员，黄复生、陈敬修、张赤父等为委员，于3月1日在重庆总土地巷成立（右派）国民党四川临时省党部（简称"总土地省党部"），公然向莲花池省党部挑衅。

1926年4月25日，总土地省党部假重庆总商会召开大会，石青阳、王狱生、曾砚愚纷纷上台演讲，大肆诬蔑共产党人实行恐怖政策，"共产共妻"；攻击国民党左派受了共产党的迷惑，背叛了三民主义；还请来拳术家白耀宗、田得胜等为打手排在总商会门前，公开向左派示威。莲花池党部针锋相对，于这天发动青年学生和工人，组织若干宣传队在街上散发传单，进行宣传讲演，无情揭露右派的丑恶面目。白耀宗、田得胜率众大打出手，当场殴伤左派宣传队多人。此后，这类殴伤事件屡有发生，激起莲花池省党部和各民众团体的强烈愤慨，纷纷要求查封总土地省党部。当时广东国民政府的北伐节节胜利，四川军阀刘湘、刘文辉、赖心辉等人眼见北洋军阀大势已去，纷纷弃北从南，通电拥护北伐。武汉国民政府一一委以军长职。驻守重庆的刘湘于12月25日查封了总土地省党部，并指名逮捕其执行委员王狱生、胡汝航等人，但背地里却与右派势力相勾结，指名捉拿的右派分子一个也没抓到，只是摘掉了总土地省党部的牌子而已。1926年11月25日，国民党四川省第一次代表大会在重庆中山学校召开，出席大会的有106人，其中共产党员和国民党左派占绝大多数。大会选举杨闇公、刘伯承、李筱亭等9人为省执行委员,并对总土地省党部的右派分子分别给予警告、除名、驱逐出境等处分。会议期间,重庆各界5万人举行了庆祝大会,走上街头游行示威,造成了强大的政治声势。重庆国共合作的新局面形成了。

国共合作在重庆的形成和发展,有力推动了重庆人民的革命斗争,其间最有影响的是1926年重庆人民声援"万县惨案"的斗争和中共重庆地委发动的顺（顺庆）泸（泸州）起义。

1926年9月5日,英国兵舰炮轰万县,造成604人死亡,398人受伤,损失财产达2000多万元的大惨案。惨案发生后,中共中央发出《中共中央为英帝国主义屠杀万县告民众书》,号召全国人民"反对英帝国主义之炮舰政策！""废除中英间一切不平等条约！"全国随即掀起了反对英帝国主义的爱国运动。9月8日,莲花池省党部决定成立"万县惨案四川国民雪耻会"和"重庆工农商学兵反英大同盟",发动了一场声势浩大的反英爱国运动。雪耻会提出了惩凶、赔款、撤退驻华英军、废除不平等条约等6项要求,宣布与英国经济绝交。重庆工人阶级首先响应。9月10日,煤业工会工人宣布停止给英轮上煤。14日,长江上游领江工会声言服从雪耻会的决议,英轮的华人领江也自动退职。17日,万余驳船工人宣布不给英人运货。英商隆茂、太古公司,英美烟草公司等处华工也于18日全体离职。重庆商界也组织了"商业共进会",表示誓不与英人交易。刘湘、邓锡侯、李家钰等四川军阀也纷纷纷通电谴责英军的暴行。

9月18日,重庆全市举行罢工、罢市、罢课,6万多军民参加了声势浩大的水陆城乡示威大游行。11时,在中共重庆地委书记杨闇公率领下,游行队伍雄赳赳气昂昂地沿城内主要街道向江边行进,沿途传单飞舞,口号声此起彼伏。到达朝天门码头后,江中200余艘船只同时起航,轮船导前,汽船次之,小船随后,皆满悬白旗以示哀悼。沿江岸的游行队伍大为振奋,狂舞写有抗英口号的小旗,与江面的口号声交相呼应,响彻云霄。这次水陆城乡大游行,其声势之大,前所未有,在全川引起强烈反响。它打击了英帝国主义的嚣张气焰,有力地声援了万县人民的反英斗争。

1926年下半年,国民革命军出师北伐,节节胜利。12月,国民政府迁都武汉。为配合北伐战争,阻止和抑留四川军阀出川东下,中共中央要求重庆地委加强对四川军阀的工作,争取其易帜倒戈,配合北伐。

中共重庆地委利用吴玉章、刘伯承在川军中的威望,深入军阀部队,策动有进步思想的师旅长脱离军阀,参加国民革命。8月,重庆地委提出了在川中"扶起朱德、刘伯承同志,造成一系列军队"的战略主张,拟定在顺庆(今四川南充)、泸州、合川发动武装起义。12月初,顺庆、泸州先后提前起义,赶跑了驻防顺庆的军阀何光烈和驻防泸州的军阀赖心辉。重庆莲花池省党部得知顺庆、泸州提前起义的消息后,立即派刘伯承赴合川黄慕颜部,集合队伍,借口返防成都,直奔顺庆与秦汉三、杜伯乾汇合。12月10日,黄、秦、杜三部起义军7000余人在顺庆果山公园举行誓师大会，刘伯承正式就任国民革命军四川各路总指挥，并代表起义官兵讲话，号召大家团结一致，参加国民革命，打倒帝国主义，打倒万恶的军阀。黄、秦、杜三人也在会上宣布就任国民革命军第一、二、三路司令，并联名发出通电。顺泸起义像强烈的地震，震撼着整个四川，正在观望、犹豫的军阀们迫于大势所趋，不得不改换门庭，纷纷表示向国民政府输诚，倒戈易帜。到1927年初，四川军阀几乎全部成为"国民革命军"，杨森、刘湘、赖心辉、刘成勋、刘文辉、邓锡侯、田颂尧分别被国民政府委任为国民革命军第二十、二十一、二十二、二十三、二十四、二十八、二十九军军长，唱起了"反帝反军阀"的高调。

顺泸起义是国共合作条件下，中国共产党领导的第一次大规模武装起义，是中国共产党人独立创建革命武装的第一次伟大尝试，为八一南昌起义提供了宝贵的经验教训。同时，顺泸起义也有力地打击了四川军阀，粉碎了四川军阀侧击武汉国民政府的阴谋，配合了北伐战争的胜利。

正当重庆革命形势如火如荼之时，时任国民革命军总司令的蒋介石日益暴露其反革命的真面目。1927年3月11日，他在江西制造了"赣州惨案"，残杀共产党人和国民党左派。驻守重庆的四川军阀刘湘也磨刀霍霍，随时准备向重庆工农民众举起屠刀。山城重庆的上空笼罩着乌云。3月23日，蒋介石派人带了两份电报给刘湘，一个是武汉国民党中执委和国民政府委员联席会议免去蒋介石总司令职务的决定,一个是蒋介石以南昌国民党中常委名义解散武汉联席会议的通电,要刘湘明确表态。刘湘看了两个电报后,已略见时局端倪,认为蒋介石必将大有前途,便高兴地大声说:"这才是真正的南土(当时鸦片烟盛行,以云南的烟土为最好),过瘾!过瘾!"又说:"军人以服从为天职,我服从总司令的命令。"从此,刘湘便倒向了蒋介石的怀抱,成了蒋介石反共反人民的帮凶。

1927年3月24日,北伐军攻占南京,英、美帝国主义用军舰炮轰南京,打死打伤2000多名中国军民。惨案发生后,在中国共产党领导下,全国人民掀起反帝爱国运动的新高潮。中共重庆地委同国民党莲花池省党部决定,由"重庆工农商学兵反英大同盟"出面,于3月31日在重庆打枪坝召开群众大会,声讨帝国主义的罪行,拥护国民政府出师北伐。刘湘得知这一消息后,急忙召集在渝将领密商,决定乘3月31日大会上共产党人和国民党左派集中的机会,当场捕杀。

1927年3月31日,工农商学妇各界群众3万余人在重庆打枪坝召开大会。刘湘的军队突然杀入会场,大肆屠杀工农群众,制造了骇人听闻的三三一惨案,在三三一大屠杀中,工农群众被杀300余人。共产党员、中共重庆地委组织部长冉钧,国民党左派陈达三、漆南薰等英勇就义,地委书记杨闇公也在赴武汉的船上被捕牺牲。同时,刘伯承等领导的顺泸起义也在四川军阀的联合绞杀下失败。革命遭受了惨重的损失,一时间,重庆陷入了腥风血雨的白色恐怖之中。

五　在刘湘的统治下

1　重庆建市

大革命失败后,四川重又陷入了大小军阀混战割据的防区时代。重庆自1926年6月至国民政府统一四川,一直为四川军阀刘湘所盘踞,这使得重庆相对于四川其他历经战乱、数易其主的城市,有了一个相对稳定的发展环境,重庆的市政机构建设也渐次提到议事日程上来。

近代城市的产生和发展,必然要求行政管理和行政建制与之相适应,即要求有专门负责城市管理的行政机构。民国以前,中国实行城乡合一的行政体系,没有专门的城市管理机构,1901年,清政府公布《城镇乡地方自治章程》,才第一次以法律形式将城镇区域与乡村区域分别开来。入民国以后,各省实力派热衷于"地方自治",相继仿效各国的市行政建制,制定了"市乡"制度。重庆也于1921年11月设商埠督办处,不久又改称市政公所,这是重庆市政机构的萌芽。

20世纪初年,重庆已是长江上游最为繁荣的近代工商业城市，生产力的进一步发展需要与之相适应的市政建设，因此，重庆设市成了工商界和地方士绅普遍的愿望。但是，由于辛亥革命以后，四川处于军阀防区割据时期，大小军阀连年征战，你争我夺，几无宁日，重庆更是川、滇、黔三省军阀争夺的重镇，一年数易其主。驻城军阀对重庆只顾搜刮，根本没有心思关注市政建设。这一状况直到1926年6月，四川军阀刘湘驱逐黔军袁祖铭，独占重庆后才得以改变。

1926年7月，刘湘委任师长潘文华为重庆商埠督办，筹备建市。1929年2月15日，经刘湘批准，成立重庆市政府，潘文华为第一任重庆市长，重庆正式建市。起初，刘湘并没有严格划定重庆市的辖境范围，仅临时指定"重庆（长江）上下游南北岸环城30里"为市政区域。1930年2月，刘湘第二十一军召集审定市县权限委员会的划界，从巴县划入68.125平方公里，从江北划入63.125平方公里，辖区面积共131.25平方公里。但因江北县和巴县士绅的反对而作罢。1932年冬，二十一军再次召集重庆市与巴县、江北县有关方面会议共同踏勘，至1933年始确定辖区，巴县划入的场镇有两路口、姚公场、南城坪、海棠溪、弹子石及县城全部；江北县划入市区的有江北县城及附近的刘家台、廖家台、简家台和溉澜溪、香国寺两码头。巴县划入43平方公里，江北划入3.75平方公里，共计46.75平方公里，面积仅及前一次划界的1/3。

重庆建市之初，完全是一个古城的老样子，东、北、南三面环水，西面不出临江门、通远门和南纪门。

水路虽有舟船之便,但陆路交通却相当崎岖,只有一条老大路,出通远门经兴隆街、盐锅骑石（枇杷山）、两路口、鹅项颈,上浮图关,走石桥铺、白市驿,到璧山接东大路。其余七星岗、观音岩、枇杷山到两路口一带,都是官山坡,为历来埋死人的地方。开埠40年来,重庆城区并未向外发展一步,20多万市民挤在狭小的城内生活,市政设施,更是听其自然。依山建房,危楼满坡,市内没有马路;街道宽不及3米,交通工具是城内坐轿子,城外坐滑竿,骑溜溜马。市区没有公园,没有自来水,更没有民用电话。照明,只有一个小型民办的烛川电灯公司,仅能供部分用电,其余的只能点煤油灯。卫生条件也很差,"老鼠满街跑,臭虫咬死人"。人们在荒坡僻处随地便溺。轮船码头也未修建,两江水上交通混乱。

潘文华接任重庆商埠督办后,即开始着手市政建设。首先在通远门外,平整坟地,扩建新市区,先后在新市区修建了三条马路干道——中区、南区、北区干道。在新市区的马路完工之后,又在旧城区上下半城各辟一条马路干道与新市区马路干道连接,大大便利了重庆市内交通,市民称赞这是重庆空前未有的创举。同时,由大溪沟经小龙坝、山洞、歌乐山、青木关到璧山的马路也已建成,接通了成渝公路,这样使川西平原和川中盆地几十个县的农副产品,可以源源不断地由公路大量运到重庆。

市区交通条件的改善,促进了市内交通工具的发展。马路修成以后,滑竿、轿子等交通工具已为汽车、黄包车（人力车）所取代。到1937年，重庆全市营业汽车达73辆，自备车达106辆，人力车已达数千辆之多。

市容也大为改观，新市区在公路修成后，日渐繁荣，昔日的荒坟地为繁华的街市和新的居民点所取代。随着公路的延伸，旧城区的市容也随之改变，高层建筑开始出现，繁华区域逐渐由两江边向公路边转移。供市民文化娱乐的公园也开始修建，如著名的中央公园（今重庆市人民公园）即于1929年8月竣工，随即对外开放。

同时，重庆市政府还创办水电、通信等公用设施。1927年元月，潘文华召集全城绅商会议，决定成立"重庆自来水筹备处"。1929年2月正式开工修建自来水厂。1932年1月25日，水厂建成供水，并成立重庆市自来水股份有限公司。1933年，市政府成立重庆电力厂筹备处，1934年夏，新厂建成，并正式发电。1935年2月，电力厂筹备处撤销，正式成立重庆电力股份有限公司，负责电厂经营管理，使重庆民用照明得到改善。重庆路灯也于这个时候出现，1934年7月新市区曾家岩、大溪沟、两路口至通远门一带路灯通电。11月，旧城区七星岗经较场口、都邮街、新街口、陕西街、第一模范市场、新丰街、镇守使署、大梁子一带路灯通电。次年2月，上清寺至李子坝路灯通电。市区民用电话也开始出现，1930年，潘文华发起成立市电话所筹备处，于1931年1月建成城区电话所，总机工程及各区线路完全就绪，全城次第通话，市民称便。在城区电话所成立的同时，重庆市政府还分别在重庆南岸和江北厅敷设过河线，成立电话分所，沟通了南北两岸与城区的声息。这是重庆民用电话通信的一个历史性事件。到抗战前夕，重庆民用电话已达1151号。

重庆的轮运码头也得到修建。重庆建市后，潘文华饬令先修建朝天门和嘉陵江码头，工程由工务处负责。1929年9月24日，两码头宣告落成。到1933年，又先后修建了江北、千厮门、太平门、飞机坝、金紫门、储奇门码头，重庆轮船码头的修成，为重庆工商业的进一步繁荣创造了条件。

教育文化事业也有了相当的发展。1929年10月，重庆大学正式建校，在菜元坝杨家花园开学上课，刘湘被推选为重庆大学校长。1932年7月，重庆大学开始招收本科学生，并成立文学院和理学院。1933年10月，重庆大学各院系全部迁至沙坪坝新校址。从此，重庆大学成为西南的重要学府，为中国培养出不少优秀人才。

重庆市政建设从无到有，粗具规模，为重庆向近代化城市发展奠定了基础，也为重庆在陪都时期的进一步发展创造了条件。

2　凋敝的民族工商业和畸形繁荣的金融业

四川军阀的防区割据始于护法战争。由于当时川、黔、滇军阀在四川各据一方，截留税款，自委官吏，招募军队，省长、督军形同虚设。为解决各军军费问题，1919年，四川督军熊克武明令各军饷款概由驻防县局拨给。后来，由戍区变防区，由拨款变筹款，四川防区制由是开始。

大革命失败后，滇、黔军阀退出四川，四川成了本地军阀称霸的天下。他们你争我夺，连年混战，岁无宁日。为了筹措兵饷，大小军阀推行竭泽而渔的财政经济政策，大肆盘剥民脂民膏，造成农业萎缩，工业衰退，商业萧条，民不聊生。"饿殍遗钱犹纳税，穷乡无地不催科，换来幸福终何似，虎口人人哭政苛！"正是当时四川的真实写照。

四川军阀财政的主要来源是税收。田赋、盐税、特税（鸦片烟税）、统税（百货厘金），是其主要收入。四川军阀征收税捐之"杂"，征收数额之"苛"，征收手段之"狠"，为全国罕有。刘湘二十一军在其防区重庆，也任意立税，或一税多征，或随税附加，一加再加，或无限制地预征等等，名目繁多，税额繁重。在征税过程中更是不择手段，有抢税，有估提，有派垫，有强索，五花八门，不一而足。以盐税为例，1926~1927年，刘湘先是向代收盐税款的中国银行强行估提，需要多少就提多少。稍后，则是将开出的税单向各盐商强派认领，凡遇军事需款较多时，则多派多收，预取预夺，谁也不敢违抗，否则"军法从事"。又如，刘湘曾强令各盐商组成盐帮公所，在他控制下，承办预征盐税事项，按所需款项分配给各家盐号承担，并负责按时收讫缴交。盐税往往预征2个月、3个月，甚至七八个月。有时盐商交易尚未做成，竟先上了税，造成了"税溢于盐"的奇怪现象。同时，刘湘还在防区内滥设关卡，巧立名目，附收各种杂税。如一载食盐（重93600斤）从产地富荣盐场运经重庆出川，竟需在正税2250元之外另加盐税附加2600元。盐商对此叫苦不迭，不少盐商因此负债累累，不得不宣告破产。

　　四川的大小军阀还通过滥发货币，聚敛财富，掠夺人民。由于四川军阀各据一方，各自在自己的防区内发行货币，并禁止对方发行的货币在自己的防区内流通，因此，货币的存废由军阀混战的进退决定。甲军阀倒，甲所散发在民间的货币，不能随甲而去；乙军阀来，为着自身军费和发财之需，禁绝甲币流通，而另发新币，甲货币留在民间，形同废物。如此往返循环，不仅造成四川的币制十分紊乱，而且也使商业流通十分不便，广大人民深受其苦。重庆为丝厂集中之地，而购茧则须到川北。当时川北充斥含银甚少的云南半元，而重庆丝商为防沿路盗匪抢劫，常常在鲜茧上市前，运货至川北，就地出售，以收入货款（全系半元）购茧。1928年购茧期间，正当鲜茧上市之时（鲜茧上市有一定时期，出入不过几天），驻川北军阀田颂尧的部下孙德操突然下令川北辖区一律禁止使用半元。其时在川北流通的半元，几乎全部归入重庆丝商之手。军阀一纸命令，使重庆丝商所握现金全不能用，只有另行设法从重庆电汇款项才购到鲜茧，等于多准备一套茧本,多付利息,也打乱了购茧计划。事后将这些半元押运回重庆,在重庆将半元熔化,改铸成通用的大元。由于半元含银量少,改铸成大元后,重庆丝商亏累不少。

连年战乱,加上军阀的横征暴敛,造成四川工商业的凋敝零落,"丝、纺织、煤矿、火柴、面粉至百业,莫不焦头烂额,奄奄待毙,危机四伏"。以四川丝业产销为例,川丝不但是川省出口的大宗,也是全国出口贸易的拳头产品,每年收入达2000万元,直接间接赖以为生者数百万人。由于课税繁重,到1932年春,竟几乎演出了全体停业的惨剧。重庆的工商业也备受摧残。如著名的江合矿务公司是重庆采用近代技术开采的一家大煤矿,1918年初,靖国军第一路总司令黄复生为搜刮军饷,以武力占领江合,强行提取现款及变卖存煤、设备,损失达30万元以上,使江合矿务公司的生产陷入瘫痪状态。名噪一时的重庆鹿蒿玻璃厂,在战乱中由于原料运不进,产品销不出,也被迫关门停业。重庆老字号的"允丰正"酒厂也在劫难逃,1921年开始,该厂成为军阀敲诈勒索的对象。川军朱召南部烟酒专卖局长王用久,以允丰正酒厂存货未完税贴照为借口,勒索白银3万余两。杨森第二军专卖局长向时俊借故逮捕酒厂股东陈月波,处以笞刑,并被罚款数千两。"允丰正经此重创,生产停顿三年",元气大伤。

在四川民族工商业备受摧残、朝不保夕之时,四川的金融业却出现了畸形的大繁荣。银行、钱庄纷纷建立，似雨后春笋，这一奇特的现象与四川军阀借用银行作为筹饷工具有关。在防区制时代，四川军阀与银行、钱庄的关系十分密切，军阀借银行、钱庄结合为财团，作为军需外库和筹饷机关；银行、钱庄则借军阀为背景，依靠其军事、政治力量，牟取暴利。尤其是军阀投资创办的银行，完全服务于军阀割据和混战的经济需要，从中牟取超额利润，与一般金融业的经营方式和内容是不同的。在这方面，驻扎重庆的刘湘最为典型。

民国元年以后，重庆仅有聚兴诚、美丰等两三家银行。1926年6月，刘湘独占重庆，重庆的银行、钱庄才纷纷涌现。其中光刘湘就在重庆先后开办了中和银行、二十一军总金库、四川地方银行，并分别投资川康殖业银行、川盐银行、美丰银行，由其亲信控制。刘湘所属的师、旅长也纷纷效仿，开设不少银行、钱庄，如潘文华的市民银行、唐式遵的四川建设银行、范绍增的四川商业银行、罗君彤的益民钱庄、蓝文彬的胜利银号，等等。刘湘二十一军总金库成为重庆银钱业中的一支重要力量。

刘湘把银行看做"聚宝盆"，为筹措军费，他常常在毫无准备金的情况下大量滥发纸币。如1926年刘湘的中和银行复业，发行"兑换券"1元、5元、10元三种，到该行关闭时总共发行320多万元，超过资本额5倍以上。1930年该行经理孙树培买通上海印刷厂经管人，于签订合同之外，私自加印了"兑换券"20多万元，流入市场，造成中和券出现重号，直接导致了中和券挤兑风潮。刘湘乘机宣布所有伪票一律七折收兑，因票子本身原没有什么真假可辨，真的也作假的收兑。这一"伪票"案的发生，使重庆各行业均遭到了不同程度的损失，而刘湘却乘机大捞了一把。1934年1月，刘湘及重庆主要军政官员又集资开办了四川地方银行，发行"地钞"。该行成立时，准备金仅300万元，而发行额竟达3723万余元，超过10倍以上。地钞信用丧失，人心浮动，重庆、成都等地均发生了严重的挤兑现象。

为筹措庞大的军费开支，刘湘还向重庆银钱各业大量举行"军政借款"，方式是要重庆银钱各业认购发行的各类债券。起初，刘湘需款时便向重庆银钱各帮要求垫借或发期票要求扣现，并往往由各师、旅长直接出面向工商界要钱，手段强硬，态度蛮横，动辄就要抓人，贴封条，继承了入民国以来所有军阀劫夺掠财的作风。1927年，刘湘采用武力手段强行摊派短期公债、垫借款项，酿成了"聚兴诚拒派风波"。1927年7月，刘湘向聚兴诚银行强行摊派公债94560元，该行总经理杨灿三以"旧垫不清，新派碍难承担"为由，请予豁免。二十一军不准其请。7月23日，该行宣告停业。后演成刘湘派兵包围该行，逮捕经理王宪之，迫使该行全体职工到二十一军军部请愿事件。最后聚兴诚银行被迫认购15000元，事件才告平息。此次风波之后，刘湘委任刘航琛为二十一军财政处长，在向工商界筹款的方式上采取了一些"软"的措施，主要是和重庆各大帮如银行、钱帮、特业等"共同合作,打伙求财",以达到筹措军费的目的。刘航琛向刘湘献策:"必须仿照南京政府发行公债,化远期款为现款,以济急需要;同时利用金融界和商帮实力,作为缓急相通,不必将他们作为强派硬索的对象。"这一敛财方针被刘湘所采纳,1928年的一天,刘湘宴请中国银行经理周宜甫、美丰银行总经理康心如、聚兴诚银行总经理杨灿三及重庆商业巨子。席间,刘湘说:"商人怕军人,因为军人有枪杆,其实军人也怕商人,因为商人有洋钱。商人没有枪杆的保护,便感到生命危险;而军人没有洋钱,也就没有饭吃,同样有生命危险。所以,我希望枪杆子与洋钱合作,把市面搞好,彼此都有利。"刘湘的这个"枪杆子与洋钱合作"的政策,受到了重庆银行业的普遍欢迎。曾拒派公债的聚兴诚银行总经理杨灿三也说:"重庆金融界和二十一军的利害关系太深,不妨暂与合作。"

重庆由于1926年以来一直为刘湘所控制,局面相对比较稳定,因此,四川各地的社会游资,包括军阀、官僚、地主的剥削所得,纷纷转移到重庆,使重庆的银钱业开始兴旺。富余的资金要寻找出路,而重庆工业的萎缩和商业的萧条,使银行投放市场的资金极其有限。

刘航琛掌握这一情况后,便向刘湘建议大量发行公债,以各家银行、钱庄作为推销各项债券的主要对象,分别给予4厘、8厘、1分2厘等不同的利息,并按票面额六折或七折推销。由于刘湘所发债券较中央债券一般折扣大、为期短、利息高,更由于刘湘在四川军阀的混战中节节胜利，势力日渐庞大，因而债券信用有保证，对各种债券和借垫，到期尚能偿清本息。因此，各银行、钱庄乐意把它作为一项主要业务，以大量资金用于认购各种债券，从中牟取暴利。如1933年4月发行的印花烟酒库券，月息8厘，50个月偿还，并以5折向各银行、钱庄推销，实际上等于月息1分6厘，远远超过市场利率。在重庆证券交易所开拍时，川康殖业银行购进61万元，川盐银行购进50万元，一时买进者颇为活跃，使票面额500万元的库券很快认购完毕，满足了刘湘进行荣威会战的需要。又如刘湘二十一军发行的"田赋公债"与"剿赤公债"数额达4000万元，这些债券绝大部分流入刘湘防区内各县镇的地主手中。他们把这些债券当做派款性质，不大注意偿还问题，因此，票面价格低落到二三折。1935年，蒋介石为帮刘湘偿还旧债，采取"以债掉债"的办法，发行四川善后公债，由中央银行负责还本付息。凡二十一军以前发行的各种债券一律以六折价格回收。刘航琛事先向重庆各大银行透露，于是，川康、美丰等行派人在重庆及附近州县收购这种仅值二三折的"田赋公债"和"剿赤公债"，用以掉换四川善后公债，从中牟取了暴利。到1935年，川康库存公债619.5万余元，聚兴诚、川盐、美丰、重庆、建设5家银行所握债券计1070余万元。由于各项债券在市面上均有浮动价格，常高于发行的折扣，因此，银行获利不小。重庆银行业也正是在这种军政借款中获取厚利而发展起来的。如四川美丰银行1932年盈余19.5万元,1933年更盈余26万元。

不但如此,而且随着刘湘军事上的节节胜利,重庆银钱业的势力由重庆向全川扩展。1933年7月,刘湘在"二刘之战"中击败刘文辉,统一四川,以四川善后督办的名义进驻成都,并兼任四川省政府主席,随即在成都成立了重庆银钱业同业公会联合公库成都办事处。重庆各银行所发钞票也以"征服者"的姿态随军西进成都,依仗刘湘的权势,强迫成都各行庄在一周内收回已在市面上流通的"执照"(钱币),另以川康、美丰、市民等行的钞票代替。并议定了重庆钞票掉换成都现洋和铜元的价格,一进一出,从中牟取暴利,这远非株守日常门市业务所能比拟。

重庆金融业背靠刘湘这位"四川王"的军事、政治势力,日益发展壮大,进入了发展的"黄金时代",而广大的四川老百姓,却在战火纷飞中吃尽了苦头。

民生公司的崛起和川江航运

在百业萧条的军阀割据时代,一个庞大的华轮公司却悄悄地在与重庆息息相关的生命线——川江上崛起了,它就是民生公司,旧中国最大的民营轮运公司。如果说,川江航运业始终居于近代重庆交通中心的主导地位的话,那么民生公司则是川江航运业盛衰演变的缩影。

民生公司的创办人是卢作孚,旧中国著名的爱国实业家,曾被毛泽东誉为旧中国实业界"四个不能忘记"的人物之一。这位出生于世代贫农的农家孩子早年积极投身于新文化运动，倡导"教育救国"，但屡遭挫折，使他转向实业界，企图走一条"实业救国"的道路。卢作孚认为中国的根本出路是建国而不是救亡，只有把中国建成一个现代化的国家，即"建设现代化的海陆空军、现代铁路、轮船、飞机、电报、电话、现代的矿山、工厂、现代的科学研究机关和学校"，"才是中国不亡的保证"。他还认为"航业为各业之母"，尤其在交通闭塞的四川，开发长江，发展航业是使四川摆脱落后闭塞的主要出路，因此，卢作孚毫不犹豫地选择了轮船交通运输业作为自己开拓实业的起点。1925年秋，他在合川筹办了"民生实业股份有限公司"，从一艘71吨的浅水轮"民生"号起步，开始了他后来风云一时、叱咤川江的船王生涯。卢作孚的思想和实践，是旧中国一批民族爱国实业家"实业救国"道路的一个缩影。

我们前文说过，辛亥革命后的10年，是川江民营轮运发展的黄金时期，被称为"轮船事业，风起云涌"的"华轮独营"时代。但是好景不长，第一次世界大战后，西方国家的轮船卷土重来，闯入川江，重庆民族轮运业发展的黄金时代也随之宣告结束。由于外国轮船公司是受不平等条约保护的，因此，拥有华轮公司所不能比拟的政治特权。首先，中国海关为帝国主义所控制，运价都是由怡和、太古、日清三家主要外轮公司规定的，进口物资运价低，出口物资运价高。而海关的巡江司实际执行航务管理权，因此，对外商轮船竭力维护，对中国轮船则往往借口水位高低、验货等多方刁难，不予放行，让外商轮船抢走业务。其次，外商轮船在外国领事的庇护下，不给地方军阀应兵差；而华轮则常常被四川各地军阀拉兵差，运兵粮，有支无收。因此，有些华轮公司常常每年白送外商若干银两，挂上外国旗，以逃避兵差，这一状况不仅增加了华轮公司的额外开支，也助长了外国轮船公司在川江的垄断势力。外轮常常借机抬高运价，垄断营运，如打包棉花从上海至美国间的运价不过每吨12元，而运到重庆则被外轮抬到280元左右，是前者的23.33倍。在外国轮船的排挤和本国军阀的敲诈勒索、扣船打差下，川江华轮公司负债累累，纷纷破产。甚至历史最悠久、资本最雄厚的川江行轮有限公司，到1932年，70万两股本也完全折光，还负债50万两，而所遗资产仅10多万元。而同时期外商轮船则在川江上耀武扬威，从1917～1930年，行驶川江的外轮达47艘，几乎垄断了四川进出口货物的运输。卢作孚对此痛心地说："扬子江上游宜渝一段，触目可见英、美、日、法、意、瑞典、挪威、芬兰等国旗，反而不容易见到本国国旗。"

针对外轮独霸川江的局面，卢作孚呼吁川江华轮联合起来，打败外轮，统一川江航业，从而掀起了一场有声有色的以民生公司为中心的"化零为整"统一川江航业的斗争。而这又与刘湘的支持分不开。1929年，刘湘打败川东军阀杨森之后，即欲控制全川。他清醒地认识到川江航运对他统一全川关系重大，因此，他决定设立一个机构,扶植一个公司来统一川江航运,为他的政治、经济利益服务。他找到了卢作孚。1930年春,卢作孚出任刘湘的川江航务管理处处长,他凭借刘湘的势力,使民生公司的发展获得了很大的便利。

首先,卢作孚呈请刘湘:"凡军人拉派船只当差,除付给燃料费外,军人乘船并须按客票价的1/4购票,且不供应饭。"刘湘考虑到差运如果过苛,会迫使轮船逃往其他防区河道,便批准了这个呈请。这不仅使打差时航商略有收入,也革除了各地军阀强迫华轮无偿运兵、载粮的恶习。其次,卢作孚利用职权,在货多时,将兵差任务派给其他公司,让民生公司获得高价货运;在货少时,就将兵差任务派给民生公司,让其他公司空闲。同时民生公司装兵时,往往超过定额,并装压仓货,这样名虽打差,实际并没有吃亏。依靠这个特殊关系,民生公司不仅冲破了封建势力的障碍,而且借此在竞争中战胜了同业,并乘机采取收买、入股等方式收罗了许多大小船只。不到一年,民生公司吞并了重庆以上航线的7个公司,接收了11只轮船。接着向重庆下游扩展,又合并了7个公司。刘湘、刘文辉等军阀的船只亦以高价收买入股的方式变成民生公司的产业。这样,民生公司只付出了数量不多的现金而得到迅速扩大,到1935年,共合并收买华轮28只,7000多吨位,基本上统一了川江华轮运输。

民生公司的异军突起,遭到了英商太古、怡和和日商日清三家外轮公司的敌视。他们联合采取压价运输的办法企图挤垮民生公司,一场新的风暴向民生公司袭来。

面对这一险恶的形势,卢作孚首先巧妙地依靠人民群众的反帝爱国运动。正当外轮公司联合起来排斥民生公司的时候,九一八事变爆发了,全国人民掀起了汹涌澎湃的反日爱国运动。民生公司适时地提出了"中国人不搭外国船"和"中国船不装外国货"的口号,反对外国商船歧视中国海员,即所谓"甲级船员只能由外国人担任"的规定,并首先在民生公司轮船上实行了"甲级船员不任用外国人,均由中国人担任"的办法,从而博得了各界人士的好评和支持,提高了民生公司的声誉,同时也打击了英日两国轮船公司的嚣张气焰。特别是当民生公司受外商压价排挤,收支极端困难的时候,民生公司职工出于爱国热忱,表示大家勒紧肚皮,也不让民生公司被外商挤垮,从而使民生公司度过了暂时的困难。

其次,民生公司还针对外国轮船对待普通中国乘客态度极为恶劣的现象,大力改善民生公司的客运工作,提供优质服务,使旅客感到不仅生活上得到便利,人格上也受到了尊重。因此,有许多乘客宁愿多住几天旅馆,也要等民生公司的轮船班期才走,从而使民生公司的客运收入激增,1931年客运收入几乎与货运收入接近,1932年又增加25%,终于挫败了外国轮船公司的阴谋。

再次,卢作孚凭借川江航务管理处处长的职权,迫使外国商轮进出港口时,除向海关结关外,还要向航管处结关,航管处还可派兵到船上检查。起初,外轮认为这样做有失"威风",拒不接受。后来航管处表示,不来结关就命令码头工人和驳船不予装卸,这才迫使外轮就范。原来外轮在川江上横冲直撞,浪翻木船概不赔偿。航管处成立后,对这类事件进行管理,要求外商赔偿损失。自此以后,外国轮船在川江上航行时就要规矩一些了。航管处主管兵差分配,在兵差繁忙时,也派外轮担负一些运兵任务。外商虽竭力拒绝,但最后也不得不承运一部分,这样就打破了外商轮船不打兵差的惯例。

在与外国轮船公司的斗争中,民生公司非但没有被挤垮,反而不断发展。而外国轮船公司的气焰却大受打击,1935年,英商太古、怡和公司首先将其主力退出川江。到1937年,民生公司的轮船已增至46只,占了川江所有中外船只的一半之上,承担了长江上游70%的客货运输,成为旧中国最大的民营轮运公司。

昔日川江上下触目可见的悬挂外国旗帜的轮船,已被悬挂中国国旗的民生公司轮船所取代。卢作孚和他的民生公司经过艰苦卓绝的努力,终于成为川江航运的中流砥柱。

4 参谋团入川

入民国以后,四川军阀派系林立,各据防区,把持地方财政,连年混战不休。以蒋介石为代表的国民党中央势力则鞭长莫及,被拒之于巴山蜀水之外。对此,蒋介石一直耿耿于怀,他朝思暮想打进四川,统一川政,进而控制西南,统一全国。1934年春,工农红军成功地突破了国民党四道封锁线,渡过湘江,到达湘黔边境。蒋介石决定"一箭双雕",既"追剿"中央红军长征,又乘机实现其统一西南的梦想。他对亲信幕僚言道:"川、黔、滇三省各自为政,共军入黔,我们就可以跟进去,比我们专为图黔而用兵还好。川、滇为自救也不能不欢迎我们去,更无从借口阻止我们去,此乃政治上最好的机会。今后只要我们军事、政治、人事、经济调配适当,必可造成统一局面。"

正当蒋介石剑拔弩张之时,川北剿共前线传来了刘湘惨败的消息。刘湘自1932～1933年在"二刘之战"中打败刘文辉后,表面上暂时统一了四川各路军阀。1933年10月,刘湘在成都就任"四川剿匪军总司令",分六路向川北红四方面军发动围剿。在红军的英勇反击下,刘湘溃败,其余各路军阀为保存实力,不听调遣,不战而退。同时由于防区制的依旧存在使刘湘财竭兵溃,一筹莫展,不得不前往南京向蒋介石乞援。11月20日,刘湘到达南京,向各报记者发表谈话:"此次来京任务有两点:①剿匪问题;②财政问题",并表示"四川为中央之四川,本人负川省善后责任,一切唯中央之命是听",企盼以服从中央,换取蒋介石在军事上、财政上的支持。蒋介石当然不会放过这个千载难逢的好机会,他马上与刘湘达成合作条件。蒋介石授权刘湘统一四川军政,打破防区,各军统受刘湘指挥,并任命刘湘兼任四川省政府主席;四川各军军费和武器弹药由南京政府负责发给,同意刘湘发行巨额公债，偿还历年积欠。刘湘则开放四川门户，允许蒋系中央军入川；同意蒋介石提出的派参谋团先行入川，指导监督反共军务。1934年12月19日，蒋介石电告刘湘，任命贺国光、杨吉晖为驻川参谋团正副主任。次日，南京国民政府明令改组四川省政府，原省府委员刘文辉、邓锡侯、田颂尧、杨森等人均免本职，重新任命刘湘、邓汉祥、甘绩镛、刘航琛、杨全宇、郭昌明、谢培筠为省府委员，任命刘湘兼任四川省政府主席。蒋介石以允许刘湘兼理川省军、民两政，以换取参谋团入川，从此，蒋系中央势力伸入了四川。

参谋团全称"国民政府军事委员会委员长行营参谋团"，1935年1月12日，贺国光率参谋团抵达重庆。

参谋团入川，负有特殊的双重使命。一是反共战争。为了堵击中央红军长征，围攻川陕红四方面军，参谋团入川指挥监督四川各军"剿匪"作战，由参谋团主任拟定作战命令，交四川"剿匪"军总司令代行。这是公开的使命。二是秘密的使命，这就是为蒋介石控制川军，插足四川，掌握西南，充当开路先锋。规定川军师长以上军官要定期向参谋团作军事报告；凡向刘湘总部报告军情，一定要分报参谋团，同时由参谋团向各路川军派出督察专员和各级督察员，随军行动，督察各路军官作战，实行监军，并担任情报联络；甚至规定川军各师设立政训处，其政训人员由参谋团政训处调派，等等。这一切都十分明显地包含了控制川军、掌握川局的用意。

参谋团甫抵重庆,即督促川军堵截进攻红军。贺国光威胁说:"对有功者自必奖励,对有过者亦必惩罚。以前一切,概不追究,只要能秉承蒋委员长命令,努力'剿匪',中央当能予以物质上之接济。否则,江西枪决师旅长及县长成例甚多,幸勿轻易尝试也。"同时参谋团将弃守遵义的贵州军阀第二十五军副军长侯之担撤职看押,企图杀一儆百,迫使川军用命。但是,任凭参谋团怎样督导"剿匪",英勇的中央红军经过四渡赤水战役,摆脱了数十万敌军的围追堵截,直插云南,北渡金沙江,在川西会合红四方面军,随即粉碎敌人多次大规模的进攻,先后突围离开川西,北出甘肃,到达陕甘地区,从而彻底粉碎了参谋团妄图把红军主力消灭在川西的美梦。

但是,参谋团在统一川政、掌握川局方面却获得了相当的成功。1935年2月10日,刘湘在重庆就任四川省政府主席,声称"本府嗣后一切要政,总期以奉行中央法令为准绳",并率先放弃防区一切政权,还诸省府。李家钰、邓锡侯、杨森等也先后表示交出防区内民财各政,至此川省政权宣告统一。四川省政府将全省划为18个专区,各专员名义上由省政府保荐,实际上不少是由蒋介石内定的。不久,蒋介石又电令川中各军,不得以军力干涉行政诉讼;军官不得兼任县局长;军政长官不得与民争利。同时向刘湘提出,四川省政府业已健全,为了便于行使职权,应由重庆迁回省会成都。刘湘虽留恋老巢,但不得不奉命西迁。7月9日,省府由重庆迁回成都。

为了进一步控制川政，蒋介石亲临四川，在成都发表谈话，说什么"兄弟此次来到四川的任务，并不是专为着'剿匪'，而重要之任务在于救川和治川"。参谋团随即着手整顿川军，核实名额，裁汰老弱，规定各军、师一律按现额缩减1/3，各军军费自7月16日起一律减发1/3。在整编川军的同时，蒋介石又举办了峨眉山训练团，轮训营长以上军官和文官县长、中学校长以上人员，自任团长，陈诚、刘湘为副团长。训练内容不外是打破地方割据观念，灌输"拥护领袖、复兴民族、忠党爱国"的思想，培植"黄埔精神"。蒋介石在训练团讲话中多次强调说："你们现在是我的学生，回到部队后又是我的部下，希望你们努力剿赤，尽忠报国，将来自有无限美好的光明前途。"通过举办军官训练团，川军在中央化方面进了一大步。

蒋介石深知地方军阀割据称雄，专横跋扈，关键在于集兵权与财权于一身。要打破割据局面，实行地方"中央化"，必须控制财政，统一金融。因此，蒋介石采取一系列措施统一四川的财政、金融。首先，为解刘湘燃眉之急，偿还川省历年积欠，南京政府于1935年6月30日公布了《民国二十四年四川善后公债条例》，特准发行四川善后公债7000万元。7月12日，南京政府又公布了《民国二十四年整理四川金融库券条例》，准发四川金融库券3000万元，由中央银行负责还本付息，并明令二十一军以前发行的各种公债一律以六折收兑。其次，蒋介石电令在重庆成立"军事委员会委员长行营驻川财政监理处"，由参谋团参议关吉玉任处长,刘航琛任副处长,并决定由已于2月开业的中央银行重庆分行成立联合金库,所有国省两税收入自7月16日起悉解入库,每月应支国、省各费,由该处按核定预算,统筹支拨,并按月将收支款目造册,呈报行营及财政部查核。再次,统一四川货币。1935年9月,蒋介石以行营名义颁布紧急法令,实施法币政策,令所有地方纸币一律停止发行,以中央、中国、交通三行发行的钞票为法币。所有省内一切公私交易,概以法币为限,不得行使其他货币。凡持地钞(四川省地方银行发行的兑换券)的军民人等,准以八折掉换法币。决定一公布,舆论哗然,四川各地市场陷于混乱,重庆商帮及金融界连日集会请愿,要求将地钞照十足收回。但为蒋介石所拒绝,并以强制手段收缴地钞及杂币,在四川发行中央法币。同时,参谋团通告商民人等,如拒绝使用中央钞券,以扰乱金融治罪,从而使法币在四川得以流通,四川币制与全国统一。

至此,四川军、民、财政已统一于国民政府之下,参谋团圆满地完成了它的秘密使命。蒋介石离开四川前夕提出,为了使中央与地方配合得更好,参谋团已经不能适应需要,应改设重庆行营,并任命顾祝同为行营主任,杨永泰任秘书长,原参谋团主任贺国光调任行营参谋长。重庆行营管辖川、康、滇、黔、藏五省区,所有西南各省军队,重庆行营都以"委员长"名义进行指挥,各省区民、财、建、教也都在其控制之列。

1935年11月1日,重庆行营(国民政府军事委员会委员长重庆行营)正式成立,参谋团即行撤销。蒋介石的行营由南昌迁武昌,又由武昌迁重庆,大大提高了重庆的政治地位,使其成为控制四川和西南的主要军政中心,为抗日战争时期重庆成为国民政府的陪都铺平了道路。

六　陪都

1. 国府迁渝

　　八年抗日战争是中华民族发展史上一个最为波澜壮阔的历史时期。重庆在这个特定的历史时期谱写了最为悲壮和光辉的篇章。提起重庆，人们不禁会回忆起八年抗战；提起八年抗战，人们自然而然地会联想到在那艰苦岁月中的重庆。1937年7月7日，抗日战争全面爆发，中华民族同仇敌忾，开始了正义的民族自卫战争。一时，灾难、奋斗、牺牲的血与泪洒满了重庆，历史的机遇也降临到重庆。日寇步步进逼，国土大片沦丧。炮火把国民政府赶到了重庆，炮火也将沿海、沿江工业、人力、财力赶到了重庆。灾难与机遇同行，灾难与兴盛同在。重庆得到了前所未有的历史赐予，在特定的历史条件下成为闻名遐迩的国际名城，中国战时的首都。

　　川政统一后，国民政府逐渐将国防中心由西北转向西南，开始考虑对日抗战时的后方根据地。1935年3月2日，蒋介石飞抵重庆，即在总理纪念周讲演时第一次指出:"就四川地位而言,不仅是我们革命的一个重要地方,尤其是我们中华民族立国的根据地。"同年10月6日,蒋介石在成都出席国民党四川省党部扩大纪念周讲演时又说:"四川在天时地利人文各方面,实在不愧为中国的首省,天然是复兴民族最好的根据地。"

1937年10月29日,中国军队在淞沪战场已显出不利形势,在当日召开的国防最高会议上,蒋介石作了题为《国府迁渝与抗战前途》的讲话,确定以四川为抗日战争的大后方,以重庆为国民政府的驻地。30日,国民政府决定迁都重庆,并于次日电告前线将士。11月16日,国防最高会议批准了迁都决定。当晚,国民政府主席林森乘舰西上,在南京的党政机关也陆续出发。20日,国民政府发表《移驻重庆办公宣言》称:"国民政府兹为适应战况,统筹全局,长期抗战起见,本日移驻重庆。此后将以最广大之规模,从事更持久之战斗。"12月1日,国民政府在重庆正式办公。但蒋介石及行政院主要部、会仍留驻武汉。1938年10月,武汉失守,蒋介石和国民政府留在武汉的机构才迁往重庆。同时,中国共产党驻武汉代表周恩来及新华日报社、群众杂志社、八路军驻渝办事处也抵达重庆。重庆成为战时中国的政治、军事、经济与文化教育的中心。

1939年5月5日,国民政府为加强领导,明令重庆市升格为行政院直辖市,任命贺国光为重庆市长。1940年9月6日,在重庆人民的一再要求下,国民政府又发布命令，定重庆为中华民国陪都。陪都地位的确立，标志着重庆成为名副其实的中国抗战指挥中枢，战时的首都。

1941年12月7日，日本偷袭珍珠港，太平洋战争爆发，美、英、苏、中等国在美国签署了《联合国家共同宣言》，中国与美、英、苏三国并列于宣言之首，成为世界反法西斯四强之一。会上，美国总统罗斯福提议组织同盟国中国战区。1942年1月2日，同盟国中国战区统帅部在重庆成立，蒋介石任中国战区统帅，负责指挥中、越、缅、泰、马来亚等地盟军作战，美国史迪威将军任中国战区统帅部的参谋长。重庆由一个内陆城市跃升为具有重大国际影响的大城市，被举世公认为与伦敦、华盛顿、莫斯科三大城市并驾齐驱的民主世界堡垒，为全世界所瞩目。

重庆政治地位的跃升和沿海军政、文化、教育及工矿企业的迁渝，促进了重庆城市的大发展。在重庆的旧市区、新市区的旧有空地和化龙桥、小龙坝、沙坪坝、海棠溪、龙门浩及江北老城一带，建起了各种简易房屋和厂房、工棚。市区也因此扩展至上清寺、两路口，郊区扩展至磁器口、歌乐山一带，到1938年底，城市建成区面积已扩大到近30平方公里。1939年2月，国民政府为避免日机轰炸，限令全市各机关、学校、商店疏散。又令中央、中国、交通、农民四银行沿成渝、川黔公路两侧修建平民住宅，并划定江北、巴县、璧山、合川、綦江等地为疏散区。3月底，国民党中央、国民政府各机关组成迁建委员会，决定各机关迁散至重庆附近100公里范围内,同时决定将成渝、川黔公路两侧、重庆周围80公里范围内之区域划归重庆,其行政权仍归当地政府。随后,各党政机关、部分厂矿陆续迁至郊区和迁建区。随着迁建区的形成,城市建成区范围逐渐扩大到西至沙坪坝,东迄涂山脚下,南抵大渡口马王坪,北达溉澜溪。在两江半岛市区周围,形成了北碚等若干个卫星城镇。

随着城市的扩大,市政、公用事业也有了新的发展。重庆市政当局对30年代的规划作了较大的调整,决定以发展城市道路、交通来带动城市的发展,改善城市的状况。在旧城的改造上,以都邮街广场(今解放碑)地区为重点,大体按经纬路布局,并通过打铜街、凯旋路、中兴路等道路与原居市中心地位的下半城相通,使上、下半城形成整体,在旧城区初步形成一个比较完整的道路体系,促进了城市中心地区由下半城向上半城的转移。新市区道路建设以西郊广大地区(即两路口以西至沙坪坝、山洞、杨家坪一带)为重点,先后修建了浮图关至九龙坡、浮图关至新桥、小龙坝至杨公桥、山洞至白市驿的公路,促进了这一地区的开拓发展,带动了卫星城镇的建设和工商企业、机关学校的设置。同时,通向广阳坝、珊瑚坝、九龙坡、白市驿四个机场的道路也已先后修建。

1938年10月,重庆轮渡股份有限公司成立,开辟了储奇门至海棠溪等四条航线。不久,渝工轮渡公司也宣告成立,开通了临江门至相国寺的航线。到1945年,市区各主要码头大都有了过江轮渡航线,两岸往来已较为方便。营运公共汽车也有了新的发展。迁建区形成后，1939年四川公路局开通的重庆北碚、歌乐山、青木关等地的公务班车逐渐发展成固定营业线路。商营客运汽车公司也于同年10月成立。到1942年，全市参加营运的客车达130辆，并设立重庆市公共汽车管理处，统一调度，管理市区和近郊的营运客车及轿车。为方便人们过江，重庆市第一条客运缆车——望龙门客运缆车也于1945年5月16日建成通车。沙磁各界还集资于1944年建成了自来水厂。重庆公用事业在抗战后期已粗具规模，这在一定程度上适应了城市的发展。

不过，值得指出的是，由于重庆城市的建设是在战时特定的条件下进行的，"一切公用事业之设备，住行乐育之措施，多系临时草创，侄偬急就"，自身并未做好充分的准备，同时又是在日机轰炸的情况下建设的，因此，重庆城市的建设和布局存在着严重的不足。如工业布局混乱，交通设施不足，公路尚未形成系统，城市卫生设施极差，房屋多为临时搭建，人口密度过大。1940年，国民政府成立重庆陪都建设计划委员会，并于1946年初提出了中国的第一个城市建设10年规划——《陪都十年建设规划草案》。但是，由于国民党当局的腐败，这个宏伟的城市规划不可能真正实施，因而形同一张废纸。

2 后方经济中心的形成

重庆开埠以后，重庆城市经济经历了第一次发展的高潮，初步形成为四川的经济中心。但入民国以后，由于四川军阀的割据混战和帝国主义的经济侵略，严重阻碍了重庆经济的正常发展。抗日战争的爆发，国民政府及沿海厂矿的迁渝，使重庆城市经济的发展迎来了一个新的高潮，工业、商业、金融、交通、科技、文化均得到前所未有的发展。古城重庆，成为名副其实的完全意义上的中国大后方经济中心。

前文说过，重庆开埠以后相当长的一段时期内，工业发展远远滞后于商业和金融业。因此，重庆还不是一个工业生产中心，也未能成为一个完全意义上的经济中心。抗日战争爆发后，国民政府有计划有步骤地将一大批重要的工矿企业迁入以重庆为中心的大后方。与此同时，一大批爱国的工商业者、科学家和实业家，在"救亡图存"、"实业救国"的激励下，也不远万里拆厂内迁。据统计，截至1940年6月，迁入大后方四川的工矿企业达260家，其中迁入重庆的厂矿为243家，占迁川工厂总数的93.46%。迁入重庆的还有逾万名技术工人。经过近两年的辗转迁移，在大后方重新组合成以重庆为中心的11个工业区。重庆工业区东起长寿，西至江津，北至合川，南达綦江，聚集了全部内迁的国营和民营工厂总数的54%，成为大后方唯一的门类齐全的综合性工业区，是大后方最重要的工业中心和中国战时工业的经济命脉。

由于抗战的需要，重庆工业以重工业尤其是军事工业为主。从1940年起重工业的比例即开始压倒轻工业。

重庆的冶金工业几乎是从无到有。1943年，重庆有炼钢厂7家，年产钢材4万吨，分别占大后方钢厂总数和钢产量的70%和80%；炼铁厂则有23家，虽只占大后方铁厂的20.18%，但年生产能力却达5万吨以上，占大后方铁产量的47.17%。

兵器工业也成为重庆工业的骨干。从沿海迁渝的10家兵工厂经过改组形成了第十、二十、二十一、三十一、五十等五大兵工厂。这些工厂装备精良，除生产兵器外，还经营钢铁、化工、矿山等业。

机器工业是重庆战时发展最快的行业。以迁渝的77家民营机器厂为骨干，到1940年，重庆机械业厂家已占到大后方机械厂家682家的65%，资本337亿元的51.5%，成为重庆工业中一个门类比较齐全的骨干行业。

能源工业也有了迅速的发展。重庆的煤矿企业以天府煤矿为最大，是国统区唯一的机械化采煤大矿，年产煤35.2万吨，占国统区机煤产量的53%，重庆工业用煤的50%~80%都由它供给。同时，为解决汽油不足的难题，重庆的酒精（代汽油）工业也应运而生。1938年，新民、新中国、大成三家民营酒精厂在重庆成立。此后，民间小型酒精厂也逐渐增多。四川的电厂装机容量和发电量均居国统区第一，而四川发电量最大的企业——重庆电力公司则在重庆。

机器纺织工业也是战时重庆发展最快、规模最大的行业之一。抗日战争前，重庆没有一枚纱锭，仅有一家机器织布厂。随着以豫丰、裕华、申新、沙市四大纱厂为龙头的沿海棉纺织企业大量迁渝,重庆机器纺织业有了长足的进步,到1945年,重庆纱厂已有19家,分别占四川和大后方厂家数的73%和35%。

此外,玻璃、面粉、造纸,以及火柴、皮革、制药、水泥等行业也有一定程度的发展。

在工业生产规模扩大的同时,工业技术也有了显著的进步。沿海厂矿、高等院校、科研机构的内迁,大大增强了重庆工业技术的研究能力。政府也多次颁布奖励工业技术进步的政策和措施。因此,战时的重庆在冶炼、能源、机械、电器、化工等行业中,依据国外样品,仿制了大量的先进产品,制作了大批的代用品。发明创造也不断涌现。

经过八年的发展,到1945年抗战结束时,重庆已有工厂1690家,资本额272.6亿元,职工10.65万人,分别占四川的60%、57.6%和58%。在国统区11个工业区中高居榜首,分别达到28.3%、32.1%和26.9%,从而确立了重庆在大后方的工业生产中心的地位,发挥了工业对其他经济部门的主导作用,为重庆成为名副其实的完全意义上的大后方经济中心奠定了坚实的基础。

抗战时期重庆人口和工业的增长,促进了陪都商业的进一步繁荣。

首先,重庆商业的行业大大增加。1939年,加入市商会的同业公会仅39个,到1945年4月已达123个,加上37个未加入同业公会的行业,重庆共有商业行业160个,是1939年的4.1倍。

其次，重庆商业企业和从业人数急剧增加。1937年重庆市有2000元以上资本的商号仅700余家，到1945年已发展到27481家，增长了38.25倍。同期，商业从业人数达到23.42万人，分别占就业人数和人口总数的39%和18.8%，高居各行业职工人数之首，比处于第二位的工矿业（兵工除外）高出35.5%。

再次，重庆市场体系在国家的控制下进一步完善。由于抗战时期国民政府实行战时经济体制，商业的控制程度大大加强。当时管理商业的主要官署有国民政府经济部、财政部和战时生产局，而直接指导重庆工商业的是社会部和市政府的社会局、财政局等单位，具体商业活动的组织、协调与指导则主要依靠市商会及其下属的各同业公会。这样从上到下，从中央到地方，形成了一个较为严密的市场管理体系。战时各商业行业均有固定的交易场所、交易时间和交易手续，组成了一个专业交易市场网络，进一步促进了商业的发展。

第四，战时的重庆成为大后方的外贸中心。战前，中国的对外贸易中心是上海，重庆仅是长江上游对外贸易的集中地和转运出口地。抗战爆发后，长江中下游地区相继沦陷，到1941年，国统区外贸额下降至全国外贸总数的19%，仅及沦陷区的1/4。外贸通道也由上海转向西南、西北，陪都重庆遂成为大后方的外贸中心。当时国民政府控制的唯一外贸公司——资源委员会复兴商业公司和四川的丝业、畜产、桐油、药材四大传统出口公司，均设在重庆。

重庆商业通过严密的市场体系和庞大的商业网络，辐射和凝聚着大后方经济，成为大后方的商业中心。

抗战时期，重庆金融业也急剧膨胀，飞跃发展，迅速走出四川一隅，主宰了大后方的金融市场。

首先，是银钱业的大发展。1938年底，中央、中国、交通、农民四大银行联合办事处（四联总处）由上海迁往重庆，并将中央信托局、邮政储金汇业局划归该处统制，"四行二局"也同时迁到重庆。四联总处由蒋介石兼任理事会主席，是国民政府主宰全国金融的最高权力机关。此外，还有不少外地银行也相继迁入重庆。到1944年7月底，加入重庆银行业同业公会的银行（不含四行二局）已达75家，从业人员约4000人，已登记的资本为法币7亿余元，港币5000万元，英镑300万元。到6月底，共吸收存款13.5亿元，达到了抗战时期重庆银行业发展的巅峰。

其次，是保险、信托业的发展。抗战前重庆保险企业只有9家，抗战末增至53家，主要经营人寿、人事、意外、特种、产物保险，资本总额达2.6亿元，其中资本最高者为3000万元，资本最低者也有20万元。信托业则以中央信托局为核心，到1942年9月止，发展为29家，经营黄金、证券、债权、动产、土地、建筑等业，许多银行也兼营信托业务。

再次，是金融市场的完善及金融网络的形成。为整顿重庆金融市场的混乱局面，重庆市从1942年6月1日起开始实行票据交换制度，由中央银行办理。经审查认可共有96家行庄参与交换，日平均交换票据1800

余张，金额1亿多元，1943年全年共交换总额1400余亿元。1943年财政部又指定重庆、成都等地实行非常时期票据承兑，并重新规定抵押放款办法。1944年10月，重庆联合票据承兑所成立。外汇管理在抗战前期以沪港渝鼎足而三，沪港沦陷后，重庆遂成为中国大后方唯一的外汇交易和管理中心。同时，重庆银行界也纷纷走出四川一隅，在大后方各地设立办事处。1939年6月，国民政府命令中国、中央、交通、农民四行以重庆为中心增设分支行，它们先后在25个省市及沦陷区和国外设行，尤其注重建立和完善西北、西南金融网。四川省银行在省内外设行、处46处，民营银行在省内外也广泛设立办事机构。重庆各大银行不断在各地设立分支机构，不仅扩大了银行业务，而且使重庆金融业对这些地区的影响大大增强，逐渐形成了以重庆为中心的大后方金融网络。

抗战时期，国民政府政治、经济重心的西移，也促进了以重庆为中心的大后方交通事业的发展。

战时重庆航运业空前兴旺。抗战初期，中国的轮船业遭到严重损失，长江中下游之招商局、三北公司等幸存轮船均退入川江，重庆成为新的全国水运中心。当时川江有15家轮船公司，除招商局为国营外，其余14家皆为民营，而以民生公司的实力最为雄厚。抗战时期，轮船业发展迅速。1936年重庆区（川江流域）共有轮船56艘，22344吨，到1941年增至288艘，64033吨，总吨位增加了近2倍。为弥补轮船运力的不足，政府还大力扶持木船业，致使川江木船业又一次进入它的黄金时代。到1944年，川江木船已达16369艘，25.66万吨，直接从业人员达30万人。

重庆航运业的兴旺，还表现在航道的整治和新航线的开辟上。1938～1941年间，国民政府航政部门在各江险要处共建成绞滩站56处。同时，各轮船公司也不断新增航线，1939年，民生公司将嘉陵江航线延伸至南充，1941年，又将金沙江航线延伸至屏山。1943年，内河航运公司又将航线延至广元。

公路运输也趋于规范化。国民政府迁渝后，修建了川黔、川湘公路，又以重庆为中心，开辟了西南、西北公路交通线，并与中缅、中印、中苏等国际公路相联系。抗战期间，有川黔、川湘、川鄂、川桂、川滇、川汉等数条公路以重庆为枢纽，重庆成为大后方公路运输网的中心。

驿运（畜力、人力运输）在战时也有了长足的发展。由交通部驿运总管理处统一管理，到1942年建成以重庆为中心，通向西南、西北、华中的水陆驿运干线7条。仅1940年，全国驿运货运量即达1.28亿吨，是同期汽车货运总量0.34亿吨的3.69倍。

水陆联运的发展是战时交通的一个新创造。在交通部主持下，开辟了一条以重庆为中心，比较经济的川陕、川湘水陆联运线。此线由湖南衡阳开始，经常德、沅陵，入四川龙潭、彭水、涪陵至重庆，再由重庆循嘉陵江，经合川、南充至广元，全线采用轮船、木船、人力运输。到广元后与陕甘驿运相连，至天水、兰州，再循兰新线，用骆驼经西北出口。全程不用一滴汽油，成本仅为汽车运费的1/5，以极小的代价沟通了中南、西南、西北的联络和运输。

航空运输业在战时也得到了飞跃发展。中国航空业原以上海为中心，1938年后，中国航空公司和欧亚航空公司先后由沪迁渝，标志着重庆成为大后方的航空中心。两航公司先后开辟了渝港、渝蓉、渝宜、渝嘉、渝西、渝兰等航班。最值得称道的是国际航线的从无到有，从1937年底开始，中航公司开辟了西南第一条国际航线，它由重庆飞往香港，再与美国泛美航空公司太平洋航线衔接，第一次沟通了重庆与世界各地主要城市的空中联系。此后，重庆——河内，重庆——仰光，重庆——哈密——阿拉木图，重庆——昆明——腊戍——加尔各答等航线也相继开通。太平洋战争爆发后，中国西南国际陆路交通断绝，美国空军又飞越喜马拉雅山，开辟了著名的"驼峰"运输线，维持着重庆与国外的空运航线。

水、陆、空交通条件的改善与现代通信设施的内迁，促进了陪都邮电事业的发展。

战时的重庆邮政局在市内设有17个邮政支局及众多邮政代办所。迄至1941年底，重庆与贵阳、香港、加尔各答均已通邮。1939年全市共有电话机3000门，市内电话用户2450户，到1941年10月，城区及新市区全部改为自动电话。重庆与西南各省的长途电话也于1939年9月全部开通。至1942年底，重庆至贵阳、成都、昆明、腊戍的无线电路也相继开通。国际电话线路的开辟亦有重大进展，至1942年底，重庆至洛杉矶、新加坡、伦敦、悉尼、旧金山、伊尔库茨克等国外重要城市的无线电通信开通。

抗战以前,重庆交通以水路运输为主。战后,重庆航运业进一步发展,公路及驿运等陆路运输后来居上,航空事业更是突飞猛进,邮政电信事业也有了新的发展,重庆交通中心日趋完善。

抗战时期,重庆工业、商业、金融、交通中心的进一步确立,标志着重庆经济中心完全形成。古城重庆,在经历了几十年的风雨坎坷之后,终于由一个封闭的内陆城市,崛起为西南最大的工商城市,名副其实的大后方经济中心。

3 民营工业凋敝,官僚资本崛起

抗战初期,由于沿海一带为日寇侵占,洋货输入锐减,加上国民党当局对工矿、交通事业的大力扶持,使重庆民营工业一度呈现繁荣景象。迁渝工厂纷纷复工,新办企业也不断涌现,重庆因此成为大后方的工业中心。但是,好景不长,抗战后期,重庆物价飞涨,通货膨胀日益严重,民营工业开始举步维艰。从1943年起民营工业发生了严重的危机,战时经济日趋衰退。

1944年春,日寇发动了打通"大陆交通线"的豫湘桂战役,国民党军队一溃千里,损兵折将,使中国盛产粮食的河南、湖南、江西、广西相继陷于日寇铁蹄之下,国民政府的财政收入锐减,而军费开支却与日俱增,财政收支严重失衡。为弥补财政赤字,国民党当局扩大钞票发行，实行通货膨胀政策。国民政府的中央、中国、交通、农民四大银行1937年6月的发行额为14.07亿元，到1945年8月抗战胜利时已增至5569.07亿元，约为战前法币发行量的400倍。滥发钞票，使物价飞涨，货币贬值，1937年法币1元到1945年只值4分钱了。一些投机商人甚至国府大小官员乘机囤积物资，操纵市场，从中牟取暴利，大发国难财，以致当时重庆有这样的看法："工不如商，商不如囤，囤不如金，金不如钞（美钞）。"这不仅使重庆人民生活日益恶化，也使工业成本急剧上涨，幼稚的重庆民营工业举步维艰。

在民营工业处于困境之时，国民党却改变了抗战初期对民营工业的扶持政策，转而扶持1942年以后陆续投产的国营工厂，并处处打击、抑制民营工业的发展。重庆《新华日报》于1943年2月6日发表了《废新约、勖厂家！》的社论，强调指出："片面的发展国营事业，或片面的发扬重点主义，都是与今日增加战时生产发展国民经济的任务，不甚相称的"，忠告政府万万不能忽视"中国是小手工业尚占优势的国家"，希望"政府能以极大部分的工贷去扶持他们，在原料、税制、运输与管理上，能尽量的给他们便利"。但是国民党政府置若罔闻，取消了对民营厂的大量订货，转而给国营工厂。如兵工产品订货，1943年从原来总产值80%～90%下降到50%，1944年又下降到30%以内。重庆民营工业的一度繁荣，本来就是建筑在政府订货这个沙滩上的。现在订购数量骤减，各机器厂不得不停工减产。再加上国营工厂资力雄厚，设备齐全，又享有材料、交通及贷款的优惠，生产成本低，民营厂根本无力与之竞争。例如钢铁迁建委员会大渡口钢铁厂每吨钢售价370万元即有利可图，而民营厂的售价每吨要高达550万元才不致亏本。在如此悬殊的条件下，民营厂无法生存下去。

国民党当局的战时经济统制政策本应是抑制物价上涨，保护生产者和消费者利益，稳定战时经济，保障军需民用的必要措施。但是由于国民党当局缺乏确定生产成本、物资供需及人口等方面的统计资料，加上国民党官吏朋比为奸，贪污受贿，中饱私囊，非但没有遏制物价上涨，反而以不合理的限价进一步限制了民营工业的发展。例如1943年9月机制钢的售价限价为每吨8.6万元，可当月的实际成本却超过9万元，灰口铁每吨限价为3万元，而实际成本却要3.5万元。又如纺织业，这年5月以前，棉纱限价每包为1200元，而实际成本已达1500元以上，5月至7月底，限价提高为1.56万元，而棉纱成本已达1.8万元，致使民营厂家亏损累累，无法继续生产。这种不顾民营厂死活的限价办法，充分表明政府对民营工业是没有丝毫关心的。

此外，由于抗战后期重庆投机盛行，商业畸形繁荣，社会资金大量流向商业，也使工矿贷款减少。据统计，至1942年3月底，重庆的24家商业银行和34家钱庄银号对商业的放款，占全部放款的77%，而对工矿、交通事业的放款不到15%。尽管抗战时期国民政府建立了以四行二局为中心的战时金融垄断体制，进一步加强对商业银行和地方银行的管理，1941年12月，又公布了《非常时期管理银行暂行办法》，规定：一般银行应以存款总数的20%为准备金，转存于当地中央、中国、交通、农民四行任何一行；银行运用资金应遵守战时金融政策，投放于生产建设事业及产销押汇，增加货物供应，并应以经营本业商人为限；银行不得经营商业及囤积物资等。但这并不能真正有效地控制社会资金的流向，即使四行二局的放款也常常因为监督不力，工矿放款被借名转贷，用于囤积和投机之途。而有权势的官僚向国家银行申请借款时，往往向四联总处施加压力，即使该项借款并非用于生产，但却能得到核准。参政员黄宇人等9人在国民参政会上指出："查渝市商业资金约只20亿左右，但最近每月交换总数曾达2000亿。其溢出之数字，大多为国家银行放款票据，其数之大，至可惊人。如以此或一部分金融资本，变为商业资本，用于不正当之经营，其害之大，不难想象。"

上述种种情形，使重庆民营工业在抗战后期日见衰退。重庆原有工厂871家，这时停工减产的达270余家。重庆钢铁业中已有14家炼铁厂和1家炼钢厂停业，其余的仅能勉强维持。重庆机器厂家在1942年底盛极一时，达436家，1943年却减至364家，1944年又进一步减为270余家，而且其中40%生产处于停顿状态。重庆纺织业的"黄金时代"也已成为过去，不论棉纺织，还是丝绸业，均在极度困难之中，被迫停工减产的不少。重庆纺织厂最多时曾有126家，但到1944年9月，纺纱业仅剩大型纱厂11家，小型纱厂11家，纱锭总数减为165798枚，开工不足的占2/3。如著名的裕华纱厂1945年产纱仅七八千件，只及1942年的半数。其他如酒精、炼油、印刷、造纸等业也是每况愈下，危机四伏。一些民营工厂为了生存下去，表面维持着工厂的名义，而实际上靠进出转售原料品、代理运输事业以维持其存在。这种移工作商乃是民营工业在面临破产危机下无可奈何的挣扎。

在抗战后期民营工业日趋衰退的同时，官僚资本却以惊人的速度迅速崛起。抗战初期，民族资本在重庆工业中的比重大于官僚资本，但是1942年以后，官僚资本已占绝对优势。据李紫翔先生1943年的统计，官僚资本在四川工厂厂家中仅占9.43%，工人占18.8%，动力占28.21%，而资本却占了62.95%。官僚资本的发展与政府的支持有关。1938年10月，国民政府颁布了《非常时期农矿工商管理条例》，根据这个条例，大后方所有基础工业和军事工业或由政府收归官办，或由政府投资合办；即便是生活日用品的工业，政府也可以随时直接经营。这使得官僚资本在工矿领域里的垄断地位和对民族资本的侵吞和掠夺合法化了。官僚资本通过其控制的四行二局，通过投资合办等形式插手大后方工矿、交通、财贸各种事业，展开吞并、侵夺民营工业的攻势，各自开拓他们在大后方的垄断局面。最为典型的是孔祥熙对华西兴业公司的吞并。

华西兴业公司是一家经营技术工程的民营企业，由胡仲实、胡叔潜兄弟于1932年9月在重庆创办。下属有华兴机器厂、华联炼钢厂、中国无线电公司等，以及煤、铁、耐火材料等矿，还办有华西专科学校，培养所需人才。抗战爆发后，华西公司主持人想把华联炼钢厂扩大成为全国性的大型钢铁企业，并把希望寄托在国民党当局的所谓"扶植和奖励西南实业"的政策上，遂派经理胡子昂去汉口向国民党中央申请贷款600万元。时任国民政府行政院长兼财政部长、中央银行总裁、四联总处理事会主席的孔祥熙乘机提出由国家银行给予投资，合办华西兴业公司，但为华西兴业公司婉拒。孔祥熙见事不成，便嘱其子孔令侃主持的中央信托局给予贷款，暂把华西兴业公司拴住，再步步紧逼，使其堕入彀中。中央信托局仅贷给华西兴业公司60万元，华西兴业公司只好先拿这笔贷款用于建厂的基建工程和到国外订购生产设备和材料。当华西兴业公司提出续借时，孔令侃以"前账未清，碍难照准"，予以批驳，结果使华西兴业公司进退维谷，国外订购设备尚差之款无着，建厂工程亦因无款支付而暂停。孔祥熙乘机再次诱骗合办华西兴业公司，并对胡氏兄弟和胡子昂说："过去你们三位有相当成绩，公司初办非请有经验的人主持不可。"于是胡仲实等人同意合办。1939年7月，华西兴业公司易名为"中国兴业公司"，成为官商合办企业，推孔祥熙为董事长。

孔祥熙对中兴打的如意算盘，是想以它作为基点，于抗战结束后逐步发展到华中、东北等地,在中国建立一个为孔系财团所操纵的"重工业之霸"的企业。因此,中国兴业公司成立后,孔祥熙便开始排挤商股势力,独揽大权。首先,他采取"釜底抽薪"的办法,通过不断增加投资达到来独占企业的目的。在孔氏多次投资后,商股在公司总资本额中所占比例越来越小,由原来的18.5%下降到5%,商股在企业中的地位一落千丈,中国兴业公司成了孔祥熙掌中之物。其次,华西兴业公司在合办时提出只以华联炼钢厂与官方合组中国兴业公司,但孔祥熙却要求把华西兴业公司及华联炼钢厂、中国无线电公司、华兴机器厂等统统纳入中国兴业公司,并由财政部、经济部在批复投资的公文中以强硬的口吻提出:"钢铁、电业、矿业均属重工业,与抗战建国息息相关,必须由华西、华联、中电三公司合组中国兴业公司",并谓"此举深荷总裁(指蒋介石)赞许",迫使华西兴业公司答应将华联钢铁公司、中国无线电公司、华兴机器厂及煤、铁、耐火材料等厂矿一并纳入中国兴业公司。再次,孔祥熙又在人事上排斥商股在职负责人,从而独占中国兴业公司的经营管理权。不仅公司董事会由孔祥熙一手遮天,还派他亲信傅汝霖任总经理,奚伦为总会计。傅汝霖上任后,秉承孔祥熙的旨意,大肆排斥异己,迫使商股在职人员退出企业,胡仲实、胡叔潜、胡子昂先后拂袖而去。至此,中国兴业公司几乎成了孔家企业。

孔祥熙吞并华西兴业公司,是官僚资本在战时对大后方民营工业进行侵夺的一个缩影。在国民党腐败统治下，民营工业虽然在抗战初期曾一度繁荣，但终究昙花一现，濒于破产倒闭的境地。这充分说明在旧中国，民族工商业是根本不会有出路的。

4 抗日烽火中的重庆

重庆，是中国抗战的陪都，国民政府指挥抗战的中心，同时也是第二次世界大战同盟国中国战区的指挥中心。它的名字和中华民族浴血抗战的辉煌胜利，和世界反法西斯战争的辉煌胜利一起，载入史册。

在八年抗战中，陪都重庆在日寇的狂轰滥炸中始终巍然屹立，成为中华民族抗战精神的堡垒之一，显示了中华民族同仇敌忾，团结一致，抗战到底的坚强决心。正如英国驻华大使薛穆赞誉：重庆"象征中国不屈不挠之意志与决心"，"成为联合国家所为振奋之精神象征"，"成为全世界各地家喻户晓之一名词"。

九一八事变之后，重庆的抗日救亡运动便如火如荼地开展起来。1931年9月28日，重庆各界群众在夫子池集会声讨日本侵占东北，成立了"四川各界民众反日救国会"，开展了收回王家沱日租界的斗争，迫使日本驻渝领事、侨民和军舰撤离重庆，取得了收回王家沱租界的胜利。但是，由于国民党当局当时并没有抗日的决心，因此，于次年又同意日本派员回到王家沱租界。

抗日战争全面爆发后，重庆成为中国战时的陪都，民众的抗日救亡运动进一步高涨。1937年9月18日，重庆市暨江巴两县各界民众在夫子池体育场举行纪念九一八6周年抗敌救国大会，参加大会的各党政机关共64个，学校54所，军警机关27个，工商团体146个，群众共约10余万人。会场群情激昂，会后举行了有3000余人参加的歌咏大游行，沿途许多群众也自动参加游行队伍，救亡歌声响彻山城。1938年七七事变和八一三事变一周年纪念日，重庆各界救国联合会等14个团体，又发起组织了盛大的纪念会和数千人参加的火炬游行，轰动了整个山城。此外，各界群众还展开了形式多样的抗日救亡宣传活动，各抗日救亡团体组织了宣传队、歌咏队、演剧队，利用街头剧、歌咏会等宣传形式，在城市的街头巷尾、茶楼酒肆和娱乐场所，农村的田坝、山坡开展经常性的宣传活动。同时，张贴壁报、漫画，举办文艺研究会、读书会、救亡图书室、平民夜校、民众识字班以及聘请进步的知名人士主讲的定期讲演会等，广泛宣传团结抗战和抗战必胜的道理，动员各界群众积极投身于抗日洪流。

随着沦陷区的一些专业文艺团体，如上海影人剧团、上海业余剧人协会、中国电影制片厂怒潮剧社等迁渝，一大批著名的电影演员和戏剧工作者，如白杨、赵丹、金山、陶金、舒绣文等纷纷在陪都登台献艺，使抗战中的重庆话剧事业空前繁荣。《放下你的鞭子》、《保卫卢沟桥》、《火中的上海》、《八百壮士》、《民族万岁》、《自由魂》等大型话剧纷纷公演，集中揭露日寇在华罪行，歌颂了中国军民的抗日爱国斗争。尤其是1941～1945年的"雾季公演"，更是把重庆话剧救亡宣传推向了巅峰。在中国共产党和郭沫若主持的国民政府军委会政治部第三厅和文化工作委员会的推动下，1941～1945年，每临雾季，便有几十出高质量的话剧搬上舞台。其中最著名的莫过于大型历史剧《屈原》的公演。该剧以楚国三闾大夫屈原一天的遭遇，从屈原与南后、上大夫靳尚、楚怀王的激烈斗争中，表现了屈原的忠贞爱国，借古喻今，无情地谴责了国民党顽固派发动"皖南事变"的分裂行径，表达了国统区人民团结抗战的强烈呼声。《屈原》的公演轰动了整个山城，"上座之佳，盛况空前"。《新华日报》称该剧是"屈原思想、人格的伟大形象化"，"虽是历史悲剧，但是在这里面有现实的人底声音，有崇高的人格，正义凛然的气节"。国民党中央社也不得不称它"集剧坛之精英，经多日之筹备"，"古色古香，堪称绝唱"。

在抗战中，陪都人民爱国不甘人后，"有钱出钱，有力出力"，从人力、物力上支持了抗战，承受了巨大的民族牺牲，作出了巨大贡献。

在大敌当前，国家危难之时，重庆青年不断掀起参军热潮。国民政府在战时实行志愿兵役制，号召城乡青年踊跃参军，保家卫国，并动员士绅公务员子弟带头响应。重庆妇女界则积极配合征兵工作，经常通过召开妇代会和母亲会等方式，揭露和控诉日军侵略暴行和屠杀中国人民的罪行，以激发广大妇女的爱国热情，送子参军。从1939年秋至1942年秋，重庆妇女乡村服务队又在各县宣传抗日，组织保民大会，鼓励壮男当兵，妇女做生产工作，其中"我种田，你保家乡"，"好汉须去打日本"等说辞很是感人。每年征兵季节，重庆广大的城乡、街道常常出现父送子、弟代兄的情景。各地官员、士绅子弟也踊跃参军，如司法院院长居正的公子居浩然，从军两年因屡建战功，成为模范青年军人。由于陪都各界的共同努力，重庆征兵工作得以顺利进行，1940、1941年，四川和重庆征兵人数分别为26.6万多人和34.5万多人。出川将士纷纷表示：不灭倭寇，誓不返川。

作为中国抗战大后方的经济中心，陪都人民冒着敌机的狂轰滥炸，克服令人难以想象的困难坚持生产，保障了抗战前线的物资供给和大后方人民的日常需要。广大工人在职业和生活都难以保障的情况下，仍以民族利益为重，忍受饥饿，忍受痛苦，每天工作10小时以上，甚至16小时，加紧生产抗战物资。一位钢铁工人致信《新华日报》表示："这几年，尽管物价高涨，所得工资还不够维持我和妻子两人的最低水准的生活，可是想到前方将士在枪林弹雨中拼命，我们在后方从事生产的人能够叫苦吗？所以我总是咬紧牙关忍受，努力生产。"广大农民也冒着轰炸的危险到田间干活。由于许多青壮年上了前线，广大老弱妇孺也参加农业生产，他们勒紧裤带，增产粮食，储备军粮，基本上保证了军粮和陪都人民所需口粮的生产。卢作孚和他的民生公司则在日机的轰炸下奋力抢运内迁物资，仅用40天就将滞留在宜昌的人员和30万吨物资抢运入川，创造了中国航运史上的奇迹，被誉为"中国实业界的敦刻尔克"。另外，广大民众还应征建筑空军基地及其军事交通工程。如在修筑川湘公路时，几十万民工通宵达旦地赶修，没有机械筑路工具，就用锹镐来开山劈岭，场面令人感动。

为了支持前线浴血奋战的将士，重庆各抗日救亡团体，广大工人、职员、妇女，各界爱国人士，海外侨胞还积极开展募捐、义卖献金和各种慰劳活动。这种活动不仅种类多，次数频繁，而且几乎遍及各个行业和城乡各地。仅1938年"七七"献金运动中，3天就献金10万元。年底的一次寒衣募捐，募得寒衣款20万元，棉背心4万余件。1939年2月16日至3月12日，不到一个月，重庆各界群众捐款达500万元。尤其值得一提的是陪都各界的"献机"运动。1940年11月11日，重庆市儿童首先响应献机，发起筹献"中国儿童号"，并致书全国小朋友，"希望不久的将来，'儿童号'飞机翱翔在祖国美丽的高空"。不久，中国航空建设协会总会又发起"一元献机运动"，陪都各界纷纷响应，慷慨捐献。截至1943年2月12日，在中国航空建设协会发起的"一元钱献机运动"中，重庆人民捐款已购飞机5架（全国30架），并在重庆珊瑚坝机场举行献机命名典礼。4月22日，重庆举行第二次献机典礼，共献驱逐机10架，有力支援了抗日防空建设。在募捐、义卖中，生活特别困苦的下层群众尤其表现了感人肺腑的自我牺牲精神。中国无线电业公司被解雇了的工友献出所得遣散费 38.3 元作为抗战将士的寒衣捐款。有的工人一个月工资仅 60 元，但一次就献出 80 元，有的人力车夫献出一日所得："自己宁愿枵腹一天，以表自己爱国的热忱！"

1938 年底，国民党副总裁汪精卫叛国投敌，陪都各界迅速掀起"讨汪"运动。国民党临时中常会宣布永远开除汪精卫党籍，并明令通缉汪精卫及其党羽。《新华日报》发表题为《汪精卫叛国》的社论，声讨汪精卫叛国罪行，抨击其妥协投降的汉奸理论。重庆《大公报》、《新蜀报》等 10 家报纸也一致声讨汪逆。重庆工人阶级也积极行动起来，4 月 20 日，46 个行业工会的代表集会，成立市总工会，通过声讨汪精卫集团投敌叛国的决议案。印刷工人则在游行中，用滑竿抬着一条化装的狗，上书"汪精卫"三个大字，一个工人手举大刀，愤怒地向狗头砍去。工人们还在磁器口金沙街雕塑了汪精卫夫妇的石头跪像，让过路行人唾弃斥骂。陪都各界讨汪运动的蓬勃开展，沉重打击了国民党内妥协投降的暗流。

1938 年 10 月武汉会战之后，抗日战争转入相持阶段，日本侵略者妄图三个月内结束对华战争的梦想落空了。为了摆脱长期战争的困境，日本侵略者加强对国民党政府的政治诱降。1938 年 11 月 13 日，日本首相近卫文麿发表了所谓"日满华三国合作"，"建立东亚新秩序"的国策声明，修改了"不以国民政府为谈判对手"的主张，提出："如果国民政府抛弃以前的一贯政策，更换人事组织……参加新秩序的建设，我方并不予以拒绝。"同时，日本大本营对侵华日军下达了第241号大陆作战令，命令日本陆军及海军的航空部队协同作战，组织"航空进攻作战"，对中国内地城市实施战略轰炸，妄图以此"摧毁中国的抗战意志"，达到"结束中国事变"的目的。

重庆是中国战时的陪都，大后方的政治、军事、经济、文化中心，自然成为日寇轰炸的主要目标。日军仗恃其空中绝对优势，施行所谓"航空进攻作战"，把重庆的一切经济、产业、商贸及水陆交通等设施，乃至于平民百姓，家宅街市，统统列为轰炸目标。这就注定了重庆这座古老山城，上至国家大员，下至平民百姓，都将经历一番从天而降的现代战争的血与火的煎熬。

1938年12月26日，22架日机飞临重庆上空，拉开了重庆大轰炸的序幕。从1938年12月26日日机首袭重庆市区到1943年8月23日最后一次空袭重庆，日机空袭重庆达218次，出动飞机9513架次，投弹21593枚，炸死市民11889人，伤14100人，焚毁房屋17608幢，损失资财难以计数，仅市区工商界的直接损失即达500万美元。

1939年5月，日机以突袭战术连续轰炸重庆，制造了震惊中外的"五三"、"五四"大惨案，市中区27条主要街道有19条几乎被炸成废墟，大火蔓延，彻夜不息，到处焦土烟火，死尸枕藉，甚至树枝上也挂着断臂残肢，令人惨不忍睹。

1941年夏季，日寇又对重庆城区进行昼夜不停的

"疲劳轰炸"。8月10日到13日，重庆市区发空袭警报13次，日机在市内各处投下大批爆炸弹和燃烧弹，使重庆城区整日笼罩在烈火浓烟之中，民宅商店大部被毁，市内水电断绝，人民断炊失眠，救火工作几至中断。国民大会大礼堂，蒋介石黄山官邸均遭轰炸，英、美、苏驻华使馆也被炸毁。在日机的疲劳轰炸下，6月5日发生了重庆较场口大隧道窒息惨案，据重庆防空司令部公布，死亡992人，伤数千人，朝天门码头尸堆如山，很多老百姓全家无一幸免。

日寇的野蛮轰炸，使繁华的重庆市区大半化为废墟，人民的生命财产遭受了空前浩劫。但是轰炸和屠杀并没有吓倒和征服重庆人民，反而更坚定了他们抗战到底的决心和信心。

重庆民众团结一致进行了反空袭斗争。1940年参加空袭服务人员已近2万人。他们不畏艰难，承担了艰巨的抢险救灾工作。广大人民和各民众团体自己动手，自行筹款，修建了大部分防御工事。各医院主动设置临时床位，组织医疗队救护伤员。社会各界人士、各团体、海外侨胞纷纷解囊捐款，疏散和救济难民。重庆自来水公司总经理、著名实业家胡子昂先生，在集会上公开宣告："敌人企图以狂炸毁灭重庆，纯属梦想……吾人对各种原料，早有充分准备，足敷今后补充之用。退一步言，敌人纵能将自来水公司全部炸毁，亦不能断吾民水源。"重庆电力公司也表示：无论在任何困难情况下，国防工业与生产工业之电力供给，绝不辍断一日。水电工人更是冒着敌机的轰炸，在灼热的瓦砾废墟中,"以惊人的速度修复了被炸坏的水电工程"。其他如金融工商界知名人士温少鹤、汪雪松、康心如等,除主动捐款救助被难同胞外,还宣布所属银行、钱庄、商号、店铺,"坚决留在市区",照常营业,以示绝不向日寇空袭屈服。尤为感人的是 1939 年 5 月 6~7 日,正值"五三"、"五四"大轰炸之后,迁渝的南开中学,"冒着敌人的炮火前进",如期举行校运动会。张伯苓校长在开幕式上慷慨陈词:"敌人想威胁我们屈服,我们偏不怕他威胁!我们规定要做的事,必须要照着规定的去做!我们要干到底,顶到底!"

重庆各界群众在重庆大轰炸中所表现出的崇高的自我牺牲精神和不屈的斗争意志令美国总统罗斯福由衷的钦佩。他说:"余谨代表敝国人民向重庆市敬赠此轴,以表吾人钦佩该市英勇之男女市民。当该市遭遇空前未有之空袭时,人民坚定镇静,不被征服,足证恐怖主义对于争取自由之民族,不能毁灭其精神。此种为争取自由表现之忠实,将鼓舞来世而不朽。"

5 同室操戈

在抗日战争的伟大洪流中,国共两党捐弃前嫌,一致抗日,实行第二次合作,抗日民族统一战线在全国范围内形成。重庆成了各派政治力量聚集的中心,"使外国的外交官和四川省的居民,使来自沿海地区的知识分子和目不识丁的农民、苦力,使来自各国的保守政治家和中国共产党人，走到一起来了"。周恩来领导的中共中央南方局，以及新华日报社、八路军驻渝办事处，在八年抗战中战斗在山城。他们遵循中共中央"坚持抗战，反对投降；坚持团结，反对分裂；坚持进步，反对倒退"和"发展进步势力，争取中间势力，孤立顽固势力"的方针，高举抗日民族统一战线的旗帜，坚持国共合作，动员大后方一切力量投入抗日洪流，为抗日战争的最后胜利立下了不朽的丰功。

1941年前后，国共两党围绕"皖南事变"，在陪都政治舞台上展开了一场抗战与投降、团结与分裂、进步与倒退的激烈斗争。

迫于抗战初期的严峻形势，蒋介石不得不与共产党合作，一致抗日。但他并不甘心共产党及其领导的人民军队的存在及壮大，因此，他既不承认中国共产党的合法地位，也不准中国共产党的组织在国统区内公开活动，仅允许中国共产党领导的抗日武装以国民革命军第十八集团军和新编第四军的名义参加对日作战。武汉会战之后，日寇停止了对国民党的大规模军事进攻，而采取政治诱降为主，军事进攻为辅的方针，加紧对国民党当局的政治诱降。在这民族危亡的关头，蒋介石竟然不顾民族大义，企图借机消灭中国共产党领导的抗日武装，从而实现他梦寐以求的"政令、军令的统一"。从1939年冬始，蒋介石先后发动了三次反共高潮。1941年1月7日，新四军军部和6个团共9000余人，"奉命"从安徽南部泾县云岭军部出发，北移，行至茂林地区，遭到国民党第二十三集团军顾祝同和上官云相所部预先埋伏的8万多人的突然袭击。经过7个昼夜的激烈战斗，终因寡不敌众，除千余人突围外，大部壮烈牺牲或被俘，副军长兼政委项英遇难，军长叶挺被俘，这就是震惊中外的皖南事变。事变发生后，蒋介石下令撤销新四军番号，将军长叶挺交付"军法审判"。同时在国统区也加紧了对共产党人和进步力量的迫害。一时间，山城重庆笼罩在白色恐怖之中，国共合作随时都有破裂的危险。

以毛泽东为首的中共中央高瞻远瞩，针对国民党顽固派发动的反共高潮，相应地提出了政治上全面反攻，军事上采取守势的斗争策略，在维护国共合作的前提下，有理、有利、有节地打退国民党顽固派的进攻。1941年1月20日，中共中央军委发布重建新四军军部的命令，任命陈毅为代军长，刘少奇为政治委员。1月23日，公开发表了《新四军将领就职通电》和《新四军将领声讨亲日派通电》，指出："当此寇氛弥漫秦桧横行之际，毅等誓遵三民主义，服从总理遗嘱，与万恶敌人日本帝国主义及其走狗中国亲日派奋斗到底。惟望全国袍泽，共矢抗日之忠诚，勿为奸邪所蒙蔽，拒绝内战，一致对敌，民族国家前途，实深利赖。"同日，毛泽东以中共中央军委发言人的名义发表谈话："此次惨变，并非偶然，实系亲日派阴谋家及反共顽固派有计划之作品。"其根本在"当局人员，于大敌当前国难益深之际，未能凛然于民族第一、抗战第一之义，挟其十年反共之成见"。他代表中共中央提出了"悬崖勒马、停止挑衅"，"惩办皖南事变祸首"，

"恢复叶挺自由","废止一党专政"等12条解决皖南事变的办法。

以周恩来为首的中共中央南方局也在重庆展开猛烈反击,动员各方力量,揭露和抗议国民党的暴行。周恩来当面痛斥何应钦:"你们的行为,使亲者痛,仇者快。你们做了日寇想做而做不到的事,你何应钦是中华民族的千古罪人!"为了粉碎国民党顽固派的谣言,中共中央南方局散发了《新四军皖南部队惨被围歼真相》的传单,向中外人士揭露"皖南事变"的真相。周恩来还挥笔写下了"为江南死国难者志哀"的题词和"千古奇冤,江南一叶,同室操戈,相煎何急!?"的四言挽诗,补印在《新华日报》被扣稿件的空白版面上,并指示《新华日报》报馆用抗拒新闻检查的办法直接见报,赶在重庆其他各报出版之前发出。1月18日清晨6点多钟,载有周恩来题词的《新华日报》,冲破国民党军、警、宪、特的封锁,出现在重庆的大街小巷,使皖南事变的真相大白于天下,沉重打击了国民党当局的嚣张气焰。当时住在重庆的杰出新闻记者、出版家邹韬奋后来回忆说,周恩来的题词和挽诗发表后,"引起外国的公正友人及侨胞的急电飞来,希望中国仍能化险为夷,为国家取得最后胜利。听说侨胞各团体来电总在千份以上,这使当局不得不稍稍有所顾忌"。

蒋介石的倒行逆施也遭到了广大民主人士、海外侨胞、国际友人甚至国民党内有识之士的一致反对。救国会领袖邹韬奋愤而辞去国民参政员的职务,欲去陕北。代表民族资产阶级的黄炎培也对被难新四军表示同情,认为"不论事情经过之是非,当局如此措置绝对错误"。南洋华侨领袖陈嘉庚也驰电国民党中央政府,殷切以团结抗战为念。苏联驻华大使潘友新、武官崔可夫分别拜会蒋介石、何应钦等人,表示"进攻新四军削弱了中国人民的军事势力,这有利于日本侵略者","对中国来说,内战将意味着灭亡"。美国政府通过罗斯福总统的私人代表居里正式向蒋介石声明:"美国在国共纠纷未解决前,无法大量援华,中美间的经济、财政等各项问题不可能有任何进展。"国民党统治集团内部也产生了深刻的危机,冯玉祥大骂何应钦搞阴谋,孙科也表示忧虑,于右任愤慨地说何应钦欺骗了他,张冲(国民党与中共的联络代表)表示无脸见人,许多老国民党员甚至说:"这样做恐至自取灭亡。"

在国内外舆论的同声斥责下,蒋介石及其一小撮国民党顽固派空前孤立,被迫改变初衷,谋求与中国共产党妥协。1月27日,蒋介石在重庆发表谈话,把他在皖南一手制造的破坏团结、破坏抗战、制造分裂、消灭异己的严重政治事件,说成仅仅是一个"性质很明白,问题很单纯,事件也很普通","极平常"的"整饬军纪"的局部问题。并命令其所有宣传机器"不许涉及中共及第十八集团军",企图以此缩小皖南事变的严重影响,为自己找阶梯下台。同时,为了粉饰皖南事变以来国共出现的重大裂痕和减少国内外对他的非难,蒋介石还诱骗中共参政员出席于3月1日召开的二届一次国民参政会议,企图制造团结抗战的假象,欺骗社会舆论。

中国共产党人及时识破了蒋介石的险恶用心,认为如果无条件出席参政会,势必使蒋介石得寸进尺,更肆无忌惮地进行反共投降活动。因此,毛泽东等中共7名参政员将中共中央1月22日提出的解决皖南事变的12条办法正式提交国民参政会秘书处,公开声明:"在政府未予裁夺前,泽东等碍难出席。"公函送出后,引起了国民党的恐慌。国民党与中共联络代表张冲往访周恩来,请求中共收回12条,甚至说,为国家计,他跪下都可以。周恩来严词拒绝,表示7参政员公函决不能收回,这不是个人问题,而是政治问题,我们确无让步的可能。为了表示中国共产党人顾全大局、团结抗战的诚意,中国共产党又致函国民参政会秘书处,提出中共解决皖南事变的临时办法12条,明确表示:只有国民政府全部采纳,并有明确保证,中共参政员才能出席参政会。但仍为国民党当局所拒绝。于是中共参政员毅然拒绝出席二届一次国民参政会,并由《新华日报》出版增刊《中共七参政员不出席参政会之全部文献》,公布了中共未能出席参政会的真相,进一步揭穿了蒋介石的政治骗局,赢得了主动。

在二届一次国民参政会上,蒋介石、何应钦借答复中共参政员致参政会函电和报告军事问题,对中共和八路军进行诬蔑、攻击,并老调重弹,说皖南事变及其处理只在"军政"、"军令"范围之内,绝非"党派问题"、"政治问题"。但迫于形势,蒋介石也不得不在会上"保证""以后决无剿共的军事",仍选举中共参政员董必武为驻会委员会委员。

会后,蒋介石又约周恩来谈话,表示愿意接受中共提出的某些条件。这说明蒋介石由政治军事上的进攻转入防御之后,再退一步,停止了这次反共高潮,国共关系得到缓和。4月26日,毛泽东致电周恩来,表示中共"愿意同国民党继续团结抗日,惟望国民党改变对内政策"。至此,国共两党围绕皖南事变的斗争告一段落。

在国共两党围绕皖变事变的斗争中,中国共产党人基于民族大义,相忍为国,在坚持国共合作的前提下,有理、有利、有节地打退了国民党顽固派发动的多次反共高潮,维护了抗日民族统一战线,促进了全国抗战的新高潮。同时,皖南事变后中国共产党围绕参政会的斗争也促使中间阶级开始转变,使他们认识到以妥协求团结,不但得不到团结,还会丧失共产党已有的地位,丧失中间党派的地位。他们不顾国民党的高压,决心"挺起身来,独树一帜",会议一结束,就将"统一建国同志会"这个蒋介石"钦定"的非党组织改组成中国民主政团同盟(即民盟)。这是中间势力政治力量发展的一件大事,标志着抗日民族统一战线内部阶级力量发生有利于进步势力的变化。

6 民主宪政

抗日战争时期,随着民族危机的日益加深,社会民主力量的蓬勃发展，国民党一党专制的反动性日益暴露无遗。在中国共产党和其他抗日民主党派的推动下，重庆开展了一场以反对国民党一党专政，争取民主政治为目标的民主宪政运动。

1939年1月，国民党五届五中全会在重庆召开，这次会议标志着国民党自抗战以来政策上的重大转变。会议提出了"容共、防共、限共、反共"的方针，并通过了《限制异党活动办法》等一系列文件，坚持其反共独裁和压迫人民的基本立场，取消了抗战初期全国人民和各抗日党派争得的某些政治权利。不久，在重庆召开的国民参政会一届三次会议上，又通过了以国民政府名义提出的《国民精神总动员纲领》，其中心口号是"国家至上民族至上，军事第一胜利第一"，"意志集中力量集中"，要求确立所谓"救国之道德"，即"忠孝仁爱信义和平之八德"，一切思想言论不能违反"三民主义"，不能"破坏军政军令及行政系统之统一"。其实质是宣传"一个党、一个主义、一个领袖"的法西斯主义。

国民党压制民主、倒行逆施的行径，激起了各抗日民主党派的强烈不满。中国共产党因势利导，联合各民主党派围绕国民参政会展开了一场反对国民党一党专政，争取民主政治的民主宪政运动。

国民参政会是抗日战争时期由国民政府成立，包括国民党、共产党及其他抗日党派和无党派人士参加的全国最高咨询机关。虽然参政会的决议对政府无约束力，但参政员可以利用规定的听取权、询问权、建议权与提案权，批评时政，宣传政见，推动全民族抗战事业的发展。1939年9月9日，一届四次国民参政会在重庆召开，中国共产党、青年党、国社党、第三党、救国会、职教社的参政员相继提出了实行民主政治、改革现行政府的6个提案。中国共产党要求国民政府"明令保障各抗日党派合法地位"，"取消所谓限制异党活动办法"，"严禁因党派私见，而摒弃（各抗日党派之）国家有用人才"。中间势力的青年党、国社党、第三党、救国会、职教社则普遍要求"结束党治，立施宪政"，青年党甚至要求政府在国民大会召开之前，赋予国民参政会"制宪"之权，连行政院都应对它负责。而国民党参政员则秉承蒋介石意旨仅提出了一个不满百字的空洞提案，提出遵照国民党五大决议，定期召开国民大会，制定宪法，开始宪政，虚与委蛇。双方唇枪舌剑，各显身手，好像刀光闪烁，电掣雷鸣，最后形成了《召集国民大会，实行宪政决议案》，经国民参政会通过后交政府实施。决议案分别提出了"治本办法"和"治标办法"。所谓"治本办法"，即由政府明令定期召集国民大会，制定宪法，实行宪政；由议长指定若干参政员，组成宪政期成会，协助政府，促成宪政。所谓"治标办法"，即政府明令宣布，除汉奸外的全国人民，"在法律上其政治地位一律平等"；充实和改组政府行政机构，以集中全国各方人才，从事抗战建国工作。会上，由蒋介石指定若干参政员成立了宪政期成会。会后，国民党五届六中全会宣布于1940年11月12日召开国大。

中间党派历来真诚地追求在中国建立西方资产阶级的民主政治，因此，他们欢呼这项决议至少是向着这个理想目标又前进了一步。黄炎培就是这种观点的代表，他认为，这将"是建国之根基，是民治的起点"，"各党代表争论虽烈，而卒获圆满结果"，他作为主持讨论提案，制定决议案的审查委员会主席，"总算对参政会尽了一分心"。

中国共产党对民主宪政运动采取了拥护、支持和积极主动地参加和领导的态度，同时明确指出了宪政运动正确的方向是建立以"几个革命阶级联合起来对于汉奸反动派的专政"为核心的"新民主主义宪政"。毛泽东在延安宪政促进会上告诫全党和全国人民，这样的宪政"决不是容易到手的，是要经过艰苦奋斗才能取得的"，"决不可相信，我们的会一开，电报一拍，文章一写，宪政就有了"。

实际上，国民党并无诚意真正实行宪政。它一边口头上大谈宪政，一边却对人民实行法西斯专政。1940年5月，国民党当局以邹韬奋、沙千里、沈钧儒鼓动军委会政治部设在綦江县的战时工作干部训练团学生举行暴动为由，派特务监视他们的行动和住所，同时对战干团部分青年进行严刑拷打，清查共产党和"汉奸"，杀害20余人，致伤400余人，制造了"綦江战干团惨案"。12月，著名经济学家、重庆大学商学院院长马寅初因抨击以假抗战之名而大发国难财的孔祥熙、宋子文，"言时人所欲言，言时人所不敢言"，而被重庆宪兵秘密逮捕，关押达21个月之久。此外，国民党当局还规定一地只能成立一个团体,不能有纵向组织,严格限制群众性的宪政运动,并一再宣传,实施宪政就是"国民能崇法守法,国民的代表能扶助政府推行法令"。而其所谓的"法"即是《训政时期约法》,实质仍然是一党专政。1940年9月,当局干脆宣布因交通阻塞,国民大会延期,妄图扼杀这场宪政活动。尽管如此,从第一届四次参政会兴起的民主宪政运动,不仅扩大了民主宪政思想在重庆市民中的影响,揭露了国民党假民主真独裁的骗局,而且说明了一个深刻的道理:人民民主权利的获得、政治民主化的推进,不能等待国民党统治者发善心,自上而下的赐予,而必须依靠广大人民群众通过斗争去争取。

1944年,世界反法西斯战争进入反攻阶段,胜利在望。国内中国共产党及其领导的各抗日根据地迅速发展壮大,国民党的独裁统治则面临深刻的军事、政治、经济危机。各抗日民主党派和重庆各界强烈要求结束国民党一党专制的腐朽统治,彻底改组国民政府,实行民主政治,国民党统治区的民主运动已经形成一股强大的政治潮流,民主宪政运动再次在重庆兴起。与此同时,美国政府调整了对华政策,对蒋介石施加压力。1944年6月,美国副总统华莱士访华,要求蒋介石实行美国标准的民主改革,并希望他"设法同共产党握手","与延安的共产党人组成一个联合政府"。

面对有利的国际国内形势,中国共产党适时地提出了"立即召开党派会议,成立临时的联合政府,战后召集国民大会成立正式的联合政府"的主张,从而把民主宪政运动推向一个新的发展阶段。

1944年9月5日,国民参政会三届三次会议在重庆召开,中共代表林伯渠在报告中鲜明地提出了"立即结束一党统治的局面,由国民政府召开各党各派、各抗日部队、各地方政府、各人民团体的代表,开国事会议,组织各抗日党派联合政府"的主张。中共关于成立联合政府的主张,使国民党统治集团极度恐慌。9月16日,为阻挠会议讨论联合政府的主张,蒋介石在会上作报告,强调所谓"军令统一,政令统一",顽固坚持一党专政。17日,国民党又操纵会议通过拥护蒋介石报告的决议。同时,国民党中央通讯社在发布林伯渠报告时,故意删去"组织联合政府"的内容,妄图封锁消息,阻挠中共政治主张影响的扩大。

在重庆的各民主党派和无党派人士对中共的主张纷纷表示拥护和支持。9月19日,中国民主政团同盟改组为中国民主同盟,提出了"立即结束一党专政,建立各党派之联合政权,实行民主政治"的政治主张。9月24日,重庆各党派、各阶层为民主中国呼号的人士齐集于白象街迁川大厦礼堂举行宪政座谈会,强烈要求废除国民党一党独裁,成立民主联合政府,并决定组织民主宪政促进会。与此同时,重庆的广大工人、学生还通过集会、游行等多种形式的活动,抗议国民党独裁统治,响应中国共产党的号召。

面对各党派和人民群众要求政治民主的强大舆论,国民党仍顽固坚持其独裁统治。1945年元旦,蒋介石发表广播讲话,企图用召开"国民大会"的空话来抵消联合政府主张的影响。2月13日,当周恩来面见蒋介石,陈述中共关于召开党派会议及筹组民主联合政府意见时,蒋介石竟声称:"各党派会议等于分赃会议,组织联合政府,无异推翻政府。"3月1日,蒋介石又在宪政促进会上发表演说:"吾人只能还政于全国民众代表的国民大会,不能还政于各党各派的党派会议,或其他联合政府"。公开拒绝了联合政府的主张。1945年5月,国民党在重庆召开第六次全国代表大会,确定了坚持一党专政,包办国民大会,拒绝联合政府的方针,将分裂国家、准备内战、由国民党一手包办的"国民大会"强加给全国人民,决定于1945年11月12日召开国民大会,并企图在行将召开的四届一次国民参政会上强行通过具体办法。中国共产党拒绝参加这次参政会,"以示抗议",并在会外发动强大政治攻势,与参政会内各抗日民主势力相互配合,挫败了国民党在四届一次参政会上强行通过召开国大具体办法的企图。

中国共产党民主联合政府主张的提出,为重庆和国统区的民主宪政运动指明了正确的方向。从此,成立民主联合政府不仅成为全国人民共同奋斗的实际纲领,也成为抗战胜利前后国共两党谈判的焦点。

七 蒋介石重庆残梦

重庆谈判

1945年5月8日，德国向盟军投降。8月14日，日本政府也宣布无条件投降，伟大的世界反法西斯战争以同盟国对德意日法西斯的胜利而告终。消息传来，举国欢腾，历经八年抗战艰辛的重庆顿时沉浸在欢庆胜利的喜悦之中。广大市民涌向街头，载歌载舞，共庆这来之不易的胜利。入夜，重庆街头树起象征胜利的V形霓虹灯和盏盏灯笼，人们自行组织的火炬游行川流不息，锣鼓声和鞭炮声震耳欲聋。合众社记者报道当时的盛况："重庆在狂欢庆贺中的鞭炮声达到极点。"

当和平与民主的曙光降临在东方地平线上的时候，中国向何处去？这是每一个有良知的中国人迫切需要回答的问题。毛泽东在延安干部会议上发表了《抗日战争胜利后的时局和我们的方针》的讲话，指出："中国人民的艰苦抗战，已经取得了胜利。抗日战争当作一个历史阶段来说，已经过去了……今后就是建什么国的斗争。是建立一个无产阶级领导的人民大众的新民主主义的国家呢？还是建立一个大地主大资产阶级专政的半殖民地半封建的国家？这将是一场很复杂的斗争。"蒋介石集团顽固坚持其内战独裁的政策，对人民寸土必争，寸权必夺。当欢庆胜利的鞭炮硝烟尚未飘散，蒋介石就命令国民党军队积极推进，抢占战略要地和大中城市，而令八路军、新四军"应就原地待命"，企图独占胜利果实，并不断制造武装冲突，"内战的威胁空前严重地存在着"。

为了欺骗国内外舆论，赢得发动内战的时间，蒋介石装出和平姿态，于1945年8月14日、20日、23日三次电邀毛泽东到重庆"共商国家大计"。他错误地估计毛泽东不会来重庆，但是出乎蒋介石的意外，毛泽东、周恩来、王若飞组成的中共代表团，乘飞机于8月28日下午3时，抵达重庆九龙坡机场。毛泽东在机场发表谈话，表示了中国共产党"保证国内和平，实施民主政治，巩固国内团结"的主张。

毛泽东来渝，使山城人民为之振奋。重庆各报纷纷发表社论，表示欢迎和预祝谈判成功。许多民主人士也评价此行是"一身系天下安危"的壮举，是"民主中国的曙光"。

中共代表团到达重庆的第二天，国共谈判即在蒋介石官邸山洞林园举行。国民党方面谈判代表是张群、王世杰、张治中、邵力子。中共方面为周恩来、王若飞。毛泽东明确指出："第一条中国要和平，第二条中国要民主。"中共代表团为表示和平诚意，将拟定的两党谈判方案共11项交付国民党代表转蒋介石。其要点是：确定和平建国方针，承认解放区政权和抗日部队，停止一切武装冲突，实行政治民主化、军队国家化和党派平等合作化等。蒋介石则企图在"统一军令"、"统一政令"的借口下，要中国共产党交出军队和政权，"不得于现在政府法统之外来谈改组政府问题"。国共双方在旷日持久的谈判中展开了针锋相对的斗争，谈判先后在林园、桂园和中山四路德安里101号、103号多处进行。其间，毛泽东与蒋介石的直接会谈即达8次之多。

为了进一步宣传中共的和平建国主张，毛泽东、周恩来拜会和会见了许多国民党人士。对国民党上层人士于右任、翁文灏、何应钦、孙科、陈立夫、戴季陶、白崇禧、吴稚晖、邹鲁、程潜、叶楚伧、陈诚、贺耀祖等人，着重阐明共产党的主张，批评国民党的独裁内战政策。对宋庆龄、冯玉祥、柳亚子、谭平山等国民党民主派，则对他们不计个人安危，献身国家民族，与中共真诚合作的崇高精神深表谢意。

重庆谈判期间，毛泽东、周恩来还广泛深入地对各民主党派和各界人士进行了团结、教育的工作，宣传中国共产党的和平建国主张，推动他们争取和平民主的运动，发展了中共领导的革命统一战线。9月1日晚，毛泽东在周恩来陪同下，出席中苏文化协会为庆祝《中苏友好同盟条约》签订而举行的鸡尾酒会。出席酒会的有爱国民主人士和国民党进步人士，也有国民党的上层人物以及文化界、妇女界和工商界的代表人物。毛泽东与重庆各界人士进行了广泛的接触，受到了各界群众的欢迎。9月2日，民主同盟在被誉为"民主之家"的特园，设宴招待中共代表团。毛泽东对出席的民主党派人士说："今天我们聚会在'民主之家'，今后我们共同努力，生活在'民主之国'"，并在主人鲜英的纪念册上题写"光明在望"。在渝期间，毛泽东还会见了文化界、教育界和工商界的知名人士马寅初、傅斯年、史良、吴蕴初等，与他们就政治民主、国内团结、和平建国、发展民族经济等问题，广泛地交换了意见，得到了他们的普遍支持。同时，毛泽东又会见了美、苏、英、法等国驻华使节和有关团体代表，希望他们为中国战后的和平民主作出贡献。

从8月28日到10月10日，经过43天的谈判，国共双方终于达成了协议。当天下午，中共代表周恩来、王若飞同国民党代表王世杰、张群、张治中、邵力子在桂园客厅（张治中官邸）签署了《政府与中共代表会谈纪要》，因当天是双十节，故该《会谈纪要》又称"双十协定"。

《会谈纪要》确定了和平建国的基本方针，双方一致认为应"以和平、民主、团结、统一为基础"，"长期合作，坚决避免内战，建设独立、自由、富强的新中国，彻底实行三民主义"。在此前提下，中共承认蒋介石的领导地位。同时双方就政治民主化、军队国家化、党派平等合作和解放区地方政府问题达成了初步协议，并协定"召集政治会议，邀集各党派代表及社会贤达协商国是，讨论和平建国方案及召开国民大会各项问题"。

《会谈纪要》一经公布,使翘首企盼和平的重庆人民欢欣鼓舞,重庆各报纷纷发表社论,欢呼谈判的成功。《新华日报》发表社论:"这次会商的结果对于保障和平,推动民主,加强团结,促进统一都有积极的作用。"重庆《新蜀报》则欢呼这是"国家步入康庄大道的征兆,值得全国同胞庆幸"。

10月11日上午9时,毛泽东返回延安,在登机前对外国记者发表简短谈话:"中国的问题是可以乐观的。困难是有的,不过困难都可以克服。"

周恩来、王若飞则在重庆继续与国民党当局谈判。1946年1月在美国特使马歇尔的主持下,国共代表开始停战谈判。1月10日上午9时,在牛角沱怡园签订了《关于停止国内冲突的命令和声明》,双方代表规定停战命令于1月13日生效。

在"停战令下"的祥和气氛中,由各党派和无党派人士参加的政治协商会议于1946年1月10日上午10时,在重庆国民政府礼堂隆重开幕。出席会议的代表38人,国民党8人,共产党7人,民主同盟9人,青年党5人,社会贤达(无党派人士)9人。蒋介石到会讲话,宣布了保证人民自由,承认政党合法地位,实行普选,释放政治犯等四项"诺言"。政治协商会议的召开,标志着第三方面政治力量加入到国共谈判之中,预示着民主力量的扩大和增强。会议历时22天和10次全体会议,各方就和平建国纲领、政府改组案、国民大会案、军事问题案、宪法草案等五个方面问题达成了协议。

关于施政纲领问题。会议基本上依据中共的方案，通过了《和平建国纲领》。

关于政府改组问题。达成了《关于政府组织问题的协议》，规定国府委员会为政府最高国务机关；府委40人，虽然半数为国民党员充任，但涉及施政纲领之变更须有2/3府委通过；国民政府主席对某一决议的否决，须得到3/5以上府委同意；国府委员会还有对各部、会长官的任免权等。

关于国民大会问题。达成《关于国民大会问题的协议》，同意保留原有的1200名代表，但要增加台湾、东北等地区150名以及各党派、社会贤达代表700名，总计达2050名代表。"宪法之通过，须经出席代表3/4同意为之"。

关于军事问题。达成了《关于军事问题的协议》，确立"军队属于国家"、"军党分立"、"军民分治"、"以政治军"等项原则。

关于宪法草案问题。通过了《关于宪草问题的协议》，确认了人民的自由民主权利，采用国会制、内阁制、省自治制的政治制度。立法院和行政院大体相当于资产阶级民主国家的议会和内阁，总统权力受到较大限制。

这些协议虽然不尽同于中国共产党的新民主主义革命纲领，但它是对国民党一党专政和蒋介石独裁的否定，反映了全国人民反对内战独裁、争取和平民主的愿望。政治协商会议在中国政治民主化进程中具有重大意义。它开成了各党派及无党派知名人士都平等参加的具有高度代表性的民意会议。它在决议中实际上承认了联合政府。尽管从全国范围看,距离新民主主义的胜利还很远,但如照此下去,则一定要朝新民主主义的方向发展。

政协会议的召开,得到了中国共产党和其他民主党派、无党派人士的高度评价,受到了全国人民和海外侨胞的热烈拥护,也赢得了英美和苏联舆论的普遍赞扬。著名的美国《纽约时报》著文称:中国政治协商会议的成功,为中国民主奠定了良好的基础。政府和中共如能实践重庆政协的决议,则中国将实现统一与民主;如果各方面"都尊重决议,则中国在亚洲和平与民主的发展应成为一个强大而处于领袖地位的国家"。

重庆各界人民对政协的召开也表示了有力支持和广泛拥护。会议开幕的第二天,重庆各界群众成立了"政治协商会议陪都各界协进会",提出会议"只许成功,不许失败"的口号,决定每天晚上请政协代表讲演,并听取各界人民的意见。在会议期间,重庆各界2000余人还在沧白堂召开庆祝和平大会,要求政府实现人民自由的四项诺言,释放政治犯等。重庆万余学生举行大游行,向政协会议提出了实行政治民主化等七项主张。重庆人民以积极的态度和行动形成了对政协会议的直接声援。

但是,国民党顽固派却不甘心民主的胜利,不愿意政协的成功。在政协会议期间,他们频频制造搜查政协代表黄炎培的住宅,殴打协进会工作人员,冲击沧白堂,破坏协进会举行的讲演会等非法事件,并进一步策划制造更大的流血恐怖来恫吓日益高涨的民主运动。2月10日,重庆各界23个团体在较场口举行近万人的庆祝政协成功大会。特务、暴徒数百人在国民党人、重庆市农会常务理事刘野樵、市教育会理事长吴人初率领下提前进入会场肇事,打伤大会主席团成员郭沫若、李公朴等及与会群众60多人,制造了骇人听闻的"较场口血案"。

1946年3月1~17日,国民党在重庆召开六届二中全会,通过了《对政协报告之决议案》,公然推翻《政协决议》所确定的民主宪政原则和关于改组政府问题的决议。3月24~4月2日又召开了御用的四届二次国民参政会,以否定各党派平等协商的政协会议,企图使破坏《政协决议》的行径合法化。6月26日,蒋介石又撕毁《停战协定》,公然向中原解放区大举进攻,全国性内战由此爆发。1946年11月,蒋介石在全国人民的反对声中强行召开了非法的分裂、内战的"制宪国大",并令中共撤退驻南京、沪、渝的谈判代表、工作人员及眷属。鉴于国共和谈最后破裂,周恩来率中共代表团离开南京,返回延安。留驻重庆的以吴玉章为首的中共代表团驻渝联络处、四川省委和新华日报馆也于1947年3月撤离重庆,返回延安。

多少年来,中间党派和民主人士真诚地追求在中国建立英美式的资产阶级共和国,实行多党制和议会民主政治。但是从袁世凯到蒋介石,独夫民贼无不借民主之名，行专制之实，使资产阶级共和国成了一块空招牌。蒋介石撕毁政协决议再次从反面证明了资产阶级民主共和国的道路在近代中国是行不通。中国人民要获得民主与自由，就只有在中国共产党领导下，在马列主义毛泽东思想的指引下，走历史必由之路——社会主义和共产主义。

蒋介石虽然可以凭借手中的军队和特务来阻止中国政治民主化的进程，任意践踏民主，实行法西斯独裁专政，但是，他必然在政治上丧失人心，导致其最后的覆灭。

经济的全面崩溃

抗战时期，重庆工业、商业、金融、交通、通信获得了飞速的发展，古城重庆跃升为名副其实的大后方经济中心。但是，重庆城市的发展却是源于抗战爆发后，国民政府迁渝这个难得的机遇，这与一些大都会城市凭借自身积累和经济扩张的自然成长有所不同。抗战结束后，随着政治重心的东迁和随之而来的国内战争，也必然会影响和制约它的历史命运，不可避免地导致重庆经济走向衰败和崩溃。

1946年5月5日，国民政府还都南京。重庆成为国民政府主席重庆行营，由何应钦任主任，张群任代主任，总揽西南军政大权。中国政治中心的东移使重庆这个大后方的经济中心失去了得以生存的政治条件，重庆虽仍为陪都和行政院直辖市，但已由大后方的经济中心降为一个地区的中心城市——西南地区的经济政治中心。

在经济上，首先，是战时经济向平时经济转变，西部资金大量东调。1946年，重庆"本地银行为了高利率和其他投机买卖，把所有余款都汇到上海，造成本地年底时银根吃紧"。其次，是大批内迁工厂的复员东下。据1946年初的统计，在重庆的内迁工厂中，就有122家停业和东调，其中以机器制造业最多，达98家。到该年11月中旬，"大批工业设备，从重庆运到下游的汉口、上海和沿海地区"。这种情况一直持续到1947年。再次，是重庆的大量人口流回沿海地区，仅1946年的头10个月，就有50万人离开重庆。

雄厚的资金、较先进的技术和各类人才是重庆工业得以发展的重要条件。离渝的工厂虽只占重庆工厂总数的13%，但多为大中型骨干企业，拥有较先进的生产设备和技术力量。它们的撤离，使重庆工业在战时经济向平时经济转移的关键时期失去了一支生力军。

由于政治、经济条件的变化，重庆失去了大后方工业中心的地位，于是战时经济的繁荣也就随着内迁工厂的复迁而萧条，工业中心作用开始萎缩。

然而工业的困境并不仅仅局限于此。一是政府订货减少。重庆地方工业在战时主要受政府统制，接受政府订货，生产军用物资和进口替代产品。战后政府采取紧缩政策，许多依靠国民政府经济部和战时生产局的收购和加工订货维持生产的民营工厂，受到政府订货大幅度削减乃至全部取消的冲击，造成产品滞销，停产关门。二是美货冲击。战时因国际交通路线绝大部分中断,进口物资匮乏,为生产进口替代产品而建立了一批工厂。战争刚一结束,在重庆,"进口货,特别是进口洋货,大幅度增长"。在进口洋货中,以美国货最多。美国的粮食、罐头、棉布、香烟、钢铁、机械,以至化妆品充斥重庆市场,出现了"无货不美"、"有货皆美"的现象。美货的倾销严重地打击了重庆的民族工业。如美国钢材每吨售价仅13万元,而国产钢材售价高达80万元。美货占领了已经饱和的内地市场,排挤了重庆的传统产品,不少民营厂家被迫转产或关闭。三是官僚资本大发"胜利财"。抗战期间,官僚资本空前膨胀,战后又"接收"了大部分沦陷区的敌伪资产,资力更为雄厚。虽然取消了部分产销禁令,如对花纱布的管制,但另一方面却强化了重工业统制机构,扩大了对轻工业的垄断性经营,建立了一批全国性和地区性的工业垄断组织,如宋子文的中国进出口贸易公司,孔祥熙的扬子建设银公司等。到1946年上半年,工矿企业中的官僚资本已占全国产业资本的80%以上,大大超过了战时的水平。它们控制了从动力、原料、产品加工、市场销售到银行贷款的各个环节,利用空前膨胀的资本和对国民经济的垄断地位,排挤、吞并民族资本企业,使其中不少企业破产、停工、减产或倒闭。四是通货膨胀恶性发展。随着国民党发动的全面内战的爆发,国统区经济危机日趋严重,集中地表现为通货膨胀的恶性发展和财政金融的极端混乱。为了弥补庞大的军费开支所造成的财政赤字,国民党政府采取通货膨胀的方式滥发纸币，转嫁危机，从而导致通货膨胀与物价暴涨交替进行，恶性循环。直接后果是购买力下降，市场缩小，而民营企业处在成本高昂、捐税繁重的压力之下，难以生存。

由于上述原因的交织，从1946年起，民营工厂倒闭接连不断。到1947年，上海、天津、重庆、汉口等20几个大中城市的工商企业共有2.7万家倒闭，重庆即达7000家，占1/4以上。1947年6月，中国工业协会重庆分会所属470多个会员厂家中，停工者即达80%以上。同年，重庆机器业由抗战时期的434家减为182家，其中一半仍处于所谓"暂行停工，待机复业"的状况。为了摆脱困境，一些过去服务于军工、重工的民营厂家转向轻纺工业。经过四年的挣扎，重庆工业中心的产业结构发生了根本的变化：一个依靠战争经济发展起来、并为战争服务的重型结构，被一个符合半殖民地半封建经济普遍规律的轻型结构所取代。1945年，在重庆工业总产值中，重工业占81.3%，到1949年则下降为25.7%，轻工业产值则由18.7%上升为74.3%。

随着半殖民地半封建的旧中国逐渐走向它的尽头，重庆工业也进一步恶化。1949年6月，民营产业公会联谊会召开工人生存座谈会宣布，重庆市已有80%的工厂停业关闭，其中机器业停工90%，即使如中国兴业公司、渝鑫钢铁公司、中国制钢公司等大型骨干企业，也宣布"陷于绝境阶段，危在旦夕"，被迫停业。到11月，全市失业员工达12万人，停业待复工者10

万余人，重庆民营工业已面临全面崩溃的绝境。

抗日战争时期，重庆是大后方最大的商业贸易中心，据1945年底统计全市有各类商家49346户，从业人员234278人，占全市人口的18.8%，居各行业就业人数之首。内战发生后，由于重庆经济的衰落和通货膨胀的影响，商业逐渐陷于萧条乃至大批歇业关闭的困境。至1949年全市有各类商家27316户。其中，经营生产资料的商家由6965户减至2639户，仅为原来的37%，反映出重庆工业经济和市场需求的不景气；经营消费资料的商家由30793户减至16118户，仅为原来的52%，反映出广大市民生活状况恶化而导致消费需求的紧缩。只有经营进出口业务的商家较1945年底增加51户，这主要是因猪鬃、生漆、药材、桐油等土特产品的对外贸易有所发展。1949年5月，重庆市商会发出呼吁："请政府亟谋挽救，以解倒悬。"

重庆金融业也陷入了危机。首先由于战后大量人口的复迁，及受上海市场高利率的吸引，重庆金融市场上的大笔资金流向了长江中下游地区，特别是上海。同时，金钞市场活跃，又吸引了部分游资转向投机；重庆市场银根趋紧，市场疲软，物价下跌，客户大量提存；部分商号感于贷款不易，不顾政府禁令，以较高利息私自兼营存放业务。因此，银行存款大幅度下降，以重庆市各行庄存入中央银行重庆分行的存款准备金为例，1946年4月为43.55亿元，到12月，降为34.35亿元，8个月下降了21.13%。一些资力不厚、信誉欠佳的银行，如正如、同丰、大同、华侨兴业等或因借贷无门相继搁浅,或因亏损过大,倒闭关门。

内战爆发后,为了支付庞大的军费开支,国民党当局滥发纸币,致使法币急剧贬值,物价也随之飞涨。到1948年8月,法币发行的指数增加到45万倍,重庆物价上涨到150余万倍。当时若用法币施舍给乞丐,乞丐也不屑要。市面上还有小贩专收法币当废纸卖给纸厂做原料,纸扎铺也用法币做"冥票"以降低成本,可谓怪相丛生。尽管国民党当局实行币制改革,推出金圆券和银圆券来代替崩溃的法币,但由于国民党当局的通货膨胀政策,国币贬值与物价暴涨愈演愈烈。重庆市面流行的货币已让位于黄金、银元,特别是特殊的流通工具——棉纱。

在滥发纸币、百物腾贵的情势下,银行的存款来源大大减少,存户纷纷提取存款抢购实物,囤积居奇之风日盛。官僚资本又乘机对民族金融资本巧取豪夺。如1948年8月换发金圆券时,财政部命令商业银行、钱庄必须按金圆券折算资本,并以相应的金银、外币缴存中央银行作保证金。中央银行在重庆仅一个月即收兑黄金5.3万两、白银24万两、银元218万元及大量美元、港币。当时重庆仅美丰银行就被收去美金95.39万元,其他行庄也损失甚巨,致使重庆金融业不断萎缩,一般商营银行和钱庄在危机中苦苦挣扎。到1949年10月,重庆金融市场的正常业务已完全停顿,各行庄多将掌握的资金用于商业投机和金、钞买卖。重庆原有的102家银行钱庄已有18家关闭,两家外商银行汇丰和麦加利宣布停业,剩下的行庄被迫紧缩开支,勉强维持,在危机的深渊中企盼新生。

重庆的交通运输业也面临着困境。以旧中国最大的民营轮运公司、作为重庆交通支柱的民生公司为例,由于内战爆发,民生公司的客货运量大大减少。1949年,该公司客运人数比1945年减少了84.23%,川江货运下降了69.13%。此外,民生公司的许多轮船被国民党当局以极低的运费拉差,致使公司亏损累累,仅差运一项,从1945年10月到1947年4月,民生公司就亏损109.44亿元。而且在通货膨胀恶性发展的情况下,即使是普通运输的成本也大大超过实际收入,而政府却以虚假的物价指数为依据,限制运价的正常调整,从而使民生公司的财务状况进一步恶化。至重庆解放前夕,民生公司已处于崩溃的边缘。

随着重庆经济的全面衰退和崩溃,广大重庆人民的生活状况日益恶化。根据中央银行公布的资料统计,重庆工人1943年的实际工资只及战前的69%,而到1948年,实际收入下降到只及战前的30%。据1946年上半年调查,当时重庆在业工人工资月薪一般为1万~1.5万元,而按国民政府规定的生活指数计算,一个工人的生活所需2万元,一个4口之家的最低生活费至少是7万元,其生存之艰难可以想见。抗战胜利后大批工厂倒闭,把数以万计的失业工人推上饥寒交迫的死亡线。农民在通货膨胀中也横遭剥夺,1943年重庆农民的实际收入仅及战前的58%,到1948年则下降到25%,加之连年水旱灾害,境况更为凄惨。其他靠薪金生活的广大阶层,如教员、公务人员等也深受通货膨胀之害，难以维持温饱。如按1948年8月币改时为基数，1949年2月生活指数为450倍，公教人员待遇只及35倍；3月生活指数为3500倍，公教人员待遇只及105倍。据当时报纸揭露：1949年5月，重庆国立大学教授诉苦，买不起报，买不起书，吃不起饭，一月薪金抵不到两个"袁大头"（银元）；中学教职员工的月收入竟不够一家人吃顿小面，只有靠典当度日，县级机关职员一月收入只折合银元几分。严重的通货膨胀，也瓦解着国民党军政人员的士气，爆发了轰动一时的失业军官请愿团事件。在渝被遣散的川康籍军官4000余人因生活无着在精神堡垒绝食请愿，并包围军政机关，甚至喊出："此路不通，去找毛泽东"的口号。

内战时期，随着国统区经济危机的日益加深，重庆经济不断恶化，工商企业的大批倒闭，商业金融的持续萧条导致了经济的全面衰落；滥发纸币，物价飞涨使各阶层群众普遍陷入贫困和动荡之中。严酷的现实促使重庆人民抛弃了对国民政府"复兴经济"的幻想，纷纷起来为争取自己的生存和温饱而进行抗争。

3 歌乐忠魂

重庆经济的全面衰退和崩溃，使重庆人民抛弃了对国民党当局"复兴经济"的幻想，纷纷挺起身来，为争取生存和温饱而斗争。在中共四川省委（后是川东临委）和重庆地下党的领导下，具有光荣革命传统的重庆人民掀起了反饥饿、反迫害、反内战、反独裁的民主运动，形成了反对国民党统治的"第二条战线"，不仅有力地配合了人民解放战争的胜利展开，而且也给蒋介石企图立足重庆，固守大西南，以图"复兴"的梦想以当头棒喝。

1947年初，中共四川省委奉命撤回延安，川东地下党的工作由中共上海局统一领导。1947年10月，根据中共上海局的决定，在重庆重建川东临时工作委员会（川东临委），下属重庆市工委（由重庆市委改组而成），上、下川东，上、下川南等五个工委。在川东临委的领导下，重庆地区的革命斗争如火如荼地开展起来。

在农村，川东地下党积极发动农民开展抗丁、抗租、抗捐斗争，掌握了一批"两面政权"和武装力量，创建农村革命据点，并于1948年初至9月，在奉节、大宁、巫山、梁山、大竹、达县和华蓥山地区发动了三次武装起义。

在重庆市内，党领导下的学生运动与工人运动也互相配合，蓬勃展开。1946年12月24日，北平发生美军士兵强奸北京大学女学生沈崇事件，平津学生为抗议美军暴行，掀起了反蒋反美的示威游行。消息传来，重庆各校青年学生群情激愤。中共四川省委领导全市学生开展"抗暴"运动，成立了大中学校参加的"重庆学生抗议美军暴行联合会"，决定全市总罢课。1月6日，全市63所大中学校的15000多学生参加了"抗暴大游行"，其规模之大、人数之多超过了平津地区。

1947年5月20日，南京、上海、苏州、杭州的16

所大专院校的5000多名学生在南京联合举行反饥饿、反内战游行，遭到国民党军警的血腥镇压，发生了震惊全国的五二〇血案。全国60多个大中城市的学生游行罢课，进行声援。重庆学生在"抗暴联"的基础上成立了"重庆学生反饥饿、反内战、反迫害委员会"，并决定于6月2日举行总罢课和全市大游行。重庆警备司令孙元良借口"6月2日共产党将利用学生游行进行暴动"，组织军、警、宪、特于6月1日零时起，实行全市戒严，大肆逮捕重庆各校学生及各界进步人士约270人。六一大逮捕在重庆各界群众中引起强烈反响，重庆大学等13所院校组成"重庆市大中学校六一事件后援会"，积极营救被捕师生群众。

　　1949年初，国统区各大中学校教师迫于物价飞涨，生活困难，纷纷罢教请愿，要求提高教师待遇。2月24日，重庆中央工校教授首先正式宣布集体罢教三天。学生同时发起"尊师运动"，募捐支援。随后，重庆大学、女子师范学院、四川教育学院也开展罢教、罢课，成立"争温饱委员会"，学生上街进行尊师义卖，并组织起来到西南长官公署、市政府游行请愿，这一斗争很快波及全市学校。3月27日，全市万余名学生在重庆大学运动场举行了声势浩大的"活命晚会"，在熊熊燃烧的篝火中，学生们高唱《团结就是力量》等歌曲，表演讽刺和抨击国民党政府统治的节目，使运动进一步由经济斗争发展到政治斗争。

　　4月1日，南京6000多学生举行示威游行，要求国民党政府接受中共提出的八项和谈条件，遭到军警的血腥镇压，造成四一血案。消息传来，重庆42所大中学校代表集会成立了"重庆市学生争生存联合会"，号召全市学生总罢课三天，声援南京学生的正义行动，并决定于4月21日举行全市学生示威请愿大游行。西南长官公署闻讯十分惊恐，从4月20日下午宣布全市紧急戒严，封锁两江渡口，派出军警包围市一中等校。但21日这天，在重重包围和封锁下，仍有上万名学生分别在沙磁区、南岸海棠溪、江北盘溪等地区游行集会，多数学校则在校内游行集会，在悲愤壮烈的气氛中坚持斗争，形成了新民主主义时期党领导的国统区学生运动的最后一次高潮。

富有光荣斗争传统的重庆工人则以请愿、怠工、罢工等形式，进行反内战、反独裁和争温饱的斗争。如1948年2月，豫丰、裕华、申新三大纱厂工人为改善生活条件而举行怠工。1949年天府煤矿工人为争取年终红奖和提高工资，举行全矿罢工。大渡口钢铁厂工人反对奸商囤积居奇，掀起抢米风潮，迅速波及全市。同时，派出一批有斗争经验的工运骨干到农村开展农运工作，并将武器军械秘密运送到农村根据地，为川东农村地区的武装起义作出了重要贡献。

随着重庆解放的临近，重庆的工运、学运转为以护厂、护校斗争为主。

党领导下的重庆工运、农运、学运的蓬勃开展，使国民党当局惊恐万状，他们派出重兵围剿川东农村革命根据地，疯狂镇压国统区日益高涨的民主运动，极力破坏重庆地下党组织，大肆捕杀共产党人和进步人士。1948年春，重庆市委的地下刊物《挺进报》遭到破坏，市工委书记刘国定、副书记兼组织部长冉益智被捕叛变，出卖了大批党的组织和同志，致使上下川东和川康、宁沪等地的133名重要干部被捕。同时，在奉节、大宁、巫山、梁山、大竹、达县和华蓥山地区发动的三次武装起义也在国民党重兵围剿下失败。川东临委的领导成员王璞、彭咏梧等壮烈牺牲，无数优秀的共产党人被捕或牺牲，川东地下党遭到惨重损失。在重庆西北郊歌乐山下的"人间魔窟"——中美合作所的白公馆、渣滓洞等大小监狱关押着成千的共产党人和革命志士。

但是，党的优秀儿女在监狱里、刑场上，坚贞不屈，大义凛然，表现出革命者的浩然之气。重庆地下党市委委员、工运负责人许建业，1948年4月因《挺进报》案件被叛徒出卖遭逮捕。在刑讯室里，特务头子徐远举威胁说："你受得了十套八套，我有四十八套刑罚，你受得了？"许建业毫不迟疑地回答："就是八十四套刑罚，又算得什么？拿出来吧，怕了，不算共产党员。"1948年7月21日，许建业被公开枪杀于重庆大坪。临难时，他沿街高呼口号，慷慨激昂，沿途群众对这种英雄气概，无不崇敬感动。狱中难友许晓轩写有《吊许建业同志》诗："十次苦刑犹骂贼，从容就义气如虹。临危慷慨高歌日，争睹英雄万巷空。"女共产党员江竹筠，1948年6月，因叛徒出卖被捕。特务施以种种酷刑，她都坚贞不屈。最后特务采用了钉竹签的刑罚，把一根根竹签钉进江竹筠的手指尖，她一次次痛昏过去，又一次次被凉水浇醒，始终保持了革命气节："要我的命，有，要我的组织，没有。"表现了革命者对革命事业的无限忠诚和勇敢。正如狱中难友、"黑牢诗人"蔡梦慰对他们的赞颂：

> 热铁烙在胸脯上，
> 竹签子钉进每一根指尖，
> 用凉水来灌鼻孔，
> 用电流通过全身……
> 人的意志呀，
> 在地狱的毒火里熬炼——
> 像金子一般的亮！
> 像金子一般的坚！
> 可以使皮肉烧焦，
> 可以使筋骨折断；
> 铁的棍子，
> 木的杠子，
> 撬不开紧咬着的嘴唇，
> ——那是千百个战士的安全线呵！
> 用刺刀来切剖胸腹吧，
> 挖得出的——
> 也只有又红又热的心肝！

1949年11月27日，在人民解放军逼近重庆之时，军统特务在中美合作所集中营制造了惨绝人寰的"11·27"大屠杀，军统特务机关从当天下午起对囚禁在渣滓洞、白公馆监狱的大批革命志士实施集体屠杀。歌乐山苦雨凄风，彻夜枪声不绝，烈士们高呼"中国共产党万岁"的口号，与长江南岸解放军的大炮声交织成悲壮的呼应。据统计，大屠杀及其前夕，牺牲在集中营的共产党人和爱国民主人士有331人。其中有：发动西安事变的西北军爱国将领杨虎城，中共四川省委书记罗世文，四川人民抗日救亡运动领导人车耀先，民革重庆负责人之一周均时，中共重庆市委工委委员许建业，中华民族的优秀儿女江竹筠……许多革命者以赴汤蹈火而不辞、刀锯鼎镬而不惧的浩然正气，英勇献身。共产党员张学云用身体堵住枪口，掩护难友。何雪松烈士身中枪弹仍双手紧握木栅栏门，巍然挺立，怒斥国民党特务："你们也活不了多久！"刘国鋕烈士临难前，中国人民解放军解放重庆的隆隆炮声已清晰地传到了白公馆，他从容不迫走向刑场，高声朗诵《就义诗》，直至壮烈牺牲：

> 同志们，听吧！
> 像春雷爆炸的，
> 是人民解放军的炮声！
> 人民解放了，
> 人民胜利了，
> 我们——
> 没有玷污党的荣誉，
> 我们死而无愧！

革命者的鲜血为中国新民主主义革命的尾声注入了一个悲壮的音符，永远回荡在辽阔的神州大地。

山城解放

随着辽沈、淮海、平津三大战役的胜利进行，国民党政权陷于分崩离析之中。1949年1月21日，蒋介石被迫宣布下野，李宗仁代总统，并放出和平谈判的烟幕。4月20日，国民党当局拒签《国内和平协定》。4月21日，中共中央军委主席毛泽东和中国人民解放军总司令朱德发布向全国进军命令，中国人民解放军迅即强渡长江。23日，国民党统治的老巢——南京被攻占。5月27日，中国最重要的工商业中心，近百年来帝国主义侵华的主要基地上海获得解放。夏秋，在"将革命进行到底"的命令下，人民解放军各野战军在从西北到华东的广大地区内，连续作战，追歼国民党残部，相继解放了华东、中南、西北诸省。面临军事上的总崩溃，蒋介石决定将残存的白崇禧集团和胡宗南集团撤往西南，妄图以重庆为"反共救国"的基地，固守大西南，静待国际形势的变化，以便重温"复兴"的旧梦。7月15日，蒋介石由台湾飞到广州，成立了"国民党非常委员会"，恢复了他的反共领导实权。8月24日，蒋介石飞抵重庆，同时抵达重庆的还有先期撤往广州的国民政府及中央党部。蒋介石在重庆机场发出梦呓："重庆为战时首都——至今印象犹新"，"今日重庆再度为反侵略反共产主义之中心，重新负起支持作战艰苦无比之使命。所望我全川同胞，振起抗战精神……则最后胜利之来临，必较对日抗战迅速"。然而世易时移，战争性质的根本改变，已造成人间正道是沧桑的形势。蒋介石妄想把重庆作为"反共救国"的基地，不过是痴人说梦罢了。

8月29日，蒋介石在林园官邸召集张群、钱大钧、胡宗南、宋希濂、刘文辉、杨森等军政要员开会，研究大西南布防，企图垂死挣扎。蒋介石判断：川贵边地势险要，交通不便，大兵团行动困难，且白崇禧集团又集结于湘桂地区，"共军不会舍近求远"去碰白崇禧。因此，"共军"最有可能从北、东两面入川作战。因此，蒋介石计划以胡宗南集团13个军约20万人，依秦岭山脉构成主要防线，阻击由陕入川的解放军；以川湘鄂绥署宋希濂部8个军22个师10余万人，控制巴东、恩施、咸丰一线，以第十四兵团位于五峰、大庸、吉首一线，构筑防守大西南的前线阵地，阻止解放军由鄂西入川；以川陕边绥署孙元良部第十六兵团3万余人，控制巫山、巫溪至万县、忠县一线，依托大巴山配合宋希濂部扼守川东门户；并以第十五兵团罗广文部3个军4万人，部署在重庆周围，和第二十军杨森部等共同拱卫重庆。同时，蒋介石还在云南、贵州、川西、川北等地相应配置了重兵，作为机动，一旦防守四川的计划破产，就把部队退往云贵。再无法存身时，则逃往国外。

为了干净、彻底地将盘踞大西南的国民党残余部队全歼于四川盆地，阻止其退往云南，保证云南的顺利解放，中国人民解放军采取了大迂回插入敌后，先完成包围，断其退路，再往回打的策略，第二野战军刘邓大军千里大迂回，由东南面直出贵州，进占川东南，切断胡宗南及川康敌军退往云南的后路；贺龙、李井泉率华北野战军第十八兵团及第一野战军1个军由陕西南下，在秦岭北麓布阵，"突而不破"，以迷惑、牵制敌胡宗南部于秦岭地区。待第二野战军断敌退路时，再南下猛攻，会同第二野战军主力歼敌于四川盆地。

11月初，中国人民解放军在北起长江，南至湘桂黔边境的千里战线上，向西南国民党残部发起强大的攻势，并以迅雷不及掩耳之势，向其意料不到也是大西南防线最薄弱的川黔地域突然挺进。第二野战军第五兵团及第三兵团第十军于湖南芷江地区进入贵州。15日，解放贵阳，21日，攻克遵义，并乘胜向黔北、黔西北、黔西南追歼，迅速解放贵州大部，切断了川陕甘地区数十万国民党军队向滇黔桂的退路。与此同时，第二野战军三兵团主力与第四野战军一部分别由湘西、鄂西突入，拦腰截断国民党的所谓"川湘鄂防线"。10天之内，连续解放了镇远、三穗、酉阳、秀山、恩施等城，打开了通向天府之国的大门。

蒋介石惊慌失措，急令宋希濂凭借乌江天险组织抵抗，调孙元良兵团由川东赶赴重庆外围布阵，并急令抽调800辆汽车，将防守川北的胡宗南主力第一军赶运重庆增援。但是，蒋军在乌江200余里的地带上仓促布置的防线是经不起一击的。11月下旬，第二野战军三兵团主力和第四野战军一部从彭水等地分别突破乌江防线，然后以强大的钳形攻势向南川城及川东国民党军队进行合击。24日，南川解放，敌第二十、十五兵团大部3万余人被围歼于南川之北地区，解放大军已形成直捣重庆之势。11月27～28日，刘邓大军三路挺进重庆，相继攻克重庆外围据点江津、顺江场、渔洞镇等地。乘其防御工事尚未完全筑成，即在强大的炮火掩护下，打过长江，再次瓦解了蒋介石星夜兼程赶运前来的最后王牌军——胡宗南第一军布设的"新长江防线"。蒋介石见大势已去，于11月30日凌晨爬上飞机，仓皇逃离重庆。

1949年11月30日，这是重庆城市史上最为难忘的一个日子。这天凌晨，重庆人民将自己绣制的一面五星红旗插上了市中心抗战胜利纪功碑（今解放碑）的顶端，迎接了重庆新生的曙光。入夜，在全市人民的热烈欢呼声中，中国人民解放军各部陆续过江，进入市区，宣告了重庆的解放。古城重庆从此回到了人民的怀抱。12月1日，中国人民解放军在市区举行入城仪式，受到重庆市民的夹道欢迎。12月3日，重庆军管会成立，由第二野战军政治部主任张际春任主任，第三兵团司令陈锡联任副主任兼重庆市委第一书记、重庆市长，专管军管会工作；第五兵团副政委张霖之任市委副书记，主管党务和群团工作；曹荻秋任市委副书记，主管政府工作。重庆历史翻开了新的一页。

重庆的解放，不仅在军事上、政治上标志着蒋介石妄图割据西南，建都重庆的迷梦彻底破产，而且逼使西南地区国民党军政要员从速作出何去何从的选择。在强大的政治攻势下，12月9日，国民党云南省政府主席卢汉、西康省政府主席刘文辉、西南军政长官公署副长官邓锡侯、潘文华等先后率部起义，云南、西康和平解放。12月27日，成都解放。1950年2月20日，中国人民解放军进驻昆明。27日，解放西昌。至此，西南全境除西藏外，全部解放。

几千年花开花又落，几千度春风春雨催。古城重庆这座具有悠久历史文化的西南名城，从部族领地到封建帝王的郡治州府，从农民起义领袖的皇城到国民政府的陪都，终于在1949年11月30日回到了人民手中，成为中华人民共和国的工业基地。回顾重庆城市发展走过的道路，不禁令人感慨万千。重庆的开埠，虽然使重庆由一个封闭的传统城市走上了向近代化城市——经济中心发展的道路，但是同时也给重庆套上了半殖民地半封建的枷锁，决定了重庆城市发展的局限性和缓慢性。开埠后的重庆长期基本上是一个销售外国和沿海商品，给外国或沿海提供原料的内陆城市。抗日战争时期，古城重庆一度出现繁荣，成为西南最大的近代工商城市和大后方的经济中心——工业、商业、金融、交通中心。但这只是由战时的特殊条件形成的。随着抗战的胜利，国民政府还都南京，重庆这个大后方的经济中心也就失去了它赖以生存的政治经济环境，很快又衰落了。这种发展速度与重庆作为长江流域经济链条中东西结合重要一环的历史使命很不相称。1949年11月30日，重庆的解放使重庆彻底摆脱了半殖民地半封建枷锁的束缚，根本改变了重庆的面貌，不仅建立了门类比较齐全的雄厚的工业基础，而且商业和城市的基础服务设施也有了很大发展。重庆解放后仅三年时间，重庆工业产值就上升到工农业总产值的69%（农业产值仅占8%），标志着古城重庆真正进入了工业化城市的行列。这有力地证明了帝国主义压迫和封建束缚是阻碍重庆近代化的根本原因，只有社会主义制度才能为中国城市近代化开辟广阔的前景。在中国共产党的领导下，重庆人民正以自己勤劳的双手谱写更加瑰丽的新的历史篇章。古城重庆，正昂首阔步，向现代化国际性大都会城市迈进。

参考书目

1. 隗瀛涛主编《近代重庆城市史》，四川大学出版社。
2. 周勇主编《重庆：一个内陆城市的崛起》，重庆出版社。
3. 重庆地方史资料组编《重庆简史和沿革》。
4. 隗瀛涛主编《辛亥革命与四川社会》，成都出版社。
5. 杨光彦、匡珊吉主编《四川军阀史》，四川人民出版社。
6. 马小奇编《民生公司史》，人民交通出版社。
7. 张弓、牟之先主编《国民政府重庆陪都史》，西南师范大学出版社。
8. 孟广涵主编《国民参政会纪实》（上、下、续编），重庆出版社。
9. 《抗日战争时期国民政府财政经济战略措施研究》课题组编著《抗日战争时期国民政府财政经济战略措施研究》，西南财经大学出版社。
10. 中共重庆市委党史工作委员会、重庆市政协文史资料研究委员会、红岩革命纪念馆编《重庆谈判纪实（1945.8～10）》，重庆出版社。

《中国史话》总目录

系列名	序号	书名	作者	
物质文明系列（10种）	1	农业科技史话	李根蟠	
	2	水利史话	郭松义	
	3	蚕桑丝绸史话	刘克祥	
	4	棉麻纺织史话	刘克祥	
	5	火器史话	王育成	
	6	造纸史话	张大伟	曹江红
	7	印刷史话	罗仲辉	
	8	矿冶史话	唐际根	
	9	医学史话	朱建平	黄　健
	10	计量史话	关增建	
物化历史系列（28种）	11	长江史话	卫家雄	华林甫
	12	黄河史话	辛德勇	
	13	运河史话	付崇兰	
	14	长城史话	叶小燕	
	15	城市史话	付崇兰	
	16	七大古都史话	李遇春	陈良伟
	17	民居建筑史话	白云翔	
	18	宫殿建筑史话	杨鸿勋	
	19	故宫史话	姜舜源	
	20	园林史话	杨鸿勋	
	21	圆明园史话	吴伯娅	
	22	石窟寺史话	常　青	
	23	古塔史话	刘祚臣	
	24	寺观史话	陈可畏	
	25	陵寝史话	刘庆柱	李毓芳
	26	敦煌史话	杨宝玉	
	27	孔庙史话	曲英杰	
	28	甲骨文史话	张利军	
	29	金文史话	杜　勇	周宝宏

系列名	序号	书名	作者	
物化历史系列（28种）	30	石器史话	李宗山	
	31	石刻史话	赵 超	
	32	古玉史话	卢兆荫	
	33	青铜器史话	曹淑芹	殷玮璋
	34	简牍史话	王子今	赵宠亮
	35	陶瓷史话	谢端琚	马文宽
	36	玻璃器史话	安家瑶	
	37	家具史话	李宗山	
	38	文房四宝史话	李雪梅	安久亮
制度、名物与史事沿革系列（20种）	39	中国早期国家史话	王 和	
	40	中华民族史话	陈琳国	陈 群
	41	官制史话	谢保成	
	42	宰相史话	刘晖春	
	43	监察史话	王 正	
	44	科举史话	李尚英	
	45	状元史话	宋元强	
	46	学校史话	樊克政	
	47	书院史话	樊克政	
	48	赋役制度史话	徐东升	
	49	军制史话	刘昭祥	王晓卫
	50	兵器史话	杨 毅	杨 泓
	51	名战史话	黄朴民	
	52	屯田史话	张印栋	
	53	商业史话	吴 慧	
	54	货币史话	刘精诚	李祖德
	55	宫廷政治史话	任士英	
	56	变法史话	王子今	
	57	和亲史话	宋 超	
	58	海疆开发史话	安 京	

系列名	序号	书名	作者
交通与交流系列（13种）	59	丝绸之路史话	孟凡人
	60	海上丝路史话	杜瑜
	61	漕运史话	江太新 苏金玉
	62	驿道史话	王子今
	63	旅行史话	黄石林
	64	航海史话	王杰 李宝民 王莉
	65	交通工具史话	郑若葵
	66	中西交流史话	张国刚
	67	满汉文化交流史话	定宜庄
	68	汉藏文化交流史话	刘忠
	69	蒙藏文化交流史话	丁守璞 杨恩洪
	70	中日文化交流史话	冯佐哲
	71	中国阿拉伯文化交流史话	宋岘
思想学术系列（21种）	72	文明起源史话	杜金鹏 焦天龙
	73	汉字史话	郭小武
	74	天文学史话	冯时
	75	地理学史话	杜瑜
	76	儒家史话	孙开泰
	77	法家史话	孙开泰
	78	兵家史话	王晓卫
	79	玄学史话	张齐明
	80	道教史话	王卡
	81	佛教史话	魏道儒
	82	中国基督教史话	王美秀
	83	民间信仰史话	侯杰
	84	训诂学史话	周信炎
	85	帛书史话	陈松长
	86	四书五经史话	黄鸿春

系列名	序号	书名	作者	
思想学术系列（21种）	87	史学史话	谢保成	
	88	哲学史话	谷 方	
	89	方志史话	卫家雄	
	90	考古学史话	朱乃诚	
	91	物理学史话	王 冰	
	92	地图史话	朱玲玲	
文学艺术系列（8种）	93	书法史话	朱守道	
	94	绘画史话	李福顺	
	95	诗歌史话	陶文鹏	
	96	散文史话	郑永晓	
	97	音韵史话	张惠英	
	98	戏曲史话	王卫民	
	99	小说史话	周中明	吴家荣
	100	杂技史话	崔乐泉	
社会风俗系列（13种）	101	宗族史话	冯尔康	阎爱民
	102	家庭史话	张国刚	
	103	婚姻史话	张 涛	项永琴
	104	礼俗史话	王贵民	
	105	节俗史话	韩养民	郭兴文
	106	饮食史话	王仁湘	
	107	饮茶史话	王仁湘	杨焕新
	108	饮酒史话	袁立泽	
	109	服饰史话	赵连赏	
	110	体育史话	崔乐泉	
	111	养生史话	罗时铭	
	112	收藏史话	李雪梅	
	113	丧葬史话	张捷夫	

系列名	序号	书名	作者
近代政治史系列（28种）	114	鸦片战争史话	朱谐汉
	115	太平天国史话	张远鹏
	116	洋务运动史话	丁贤俊
	117	甲午战争史话	寇伟
	118	戊戌维新运动史话	刘悦斌
	119	义和团史话	卞修跃
	120	辛亥革命史话	张海鹏 邓红洲
	121	五四运动史话	常丕军
	122	北洋政府史话	潘荣 魏又行
	123	国民政府史话	郑则民
	124	十年内战史话	贾维
	125	中华苏维埃史话	温锐 刘强
	126	西安事变史话	李义彬
	127	抗日战争史话	荣维木
	128	陕甘宁边区政府史话	刘东社 刘全娥
	129	解放战争史话	朱宗震 汪朝光
	130	革命根据地史话	马洪武 王明生
	131	中国人民解放军史话	荣维木
	132	宪政史话	徐辉琪 付建成
	133	工人运动史话	唐玉良 高爱娣
	134	农民运动史话	方之光 龚云
	135	青年运动史话	郭贵儒
	136	妇女运动史话	刘红 刘光永
	137	土地改革史话	董志凯 陈廷煊
	138	买办史话	潘君祥 顾柏荣
	139	四大家族史话	江绍贞
	140	汪伪政权史话	闻少华
	141	伪满洲国史话	齐福霖

系列名	序号	书名	作者
近代经济生活系列（17种）	142	人口史话	姜涛
	143	禁烟史话	王宏斌
	144	海关史话	陈霞飞 蔡渭洲
	145	铁路史话	龚云
	146	矿业史话	纪辛
	147	航运史话	张后铨
	148	邮政史话	修晓波
	149	金融史话	陈争平
	150	通货膨胀史话	郑起东
	151	外债史话	陈争平
	152	商会史话	虞和平
	153	农业改进史话	章楷
	154	民族工业发展史话	徐建生
	155	灾荒史话	刘仰东 夏明方
	156	流民史话	池子华
	157	秘密社会史话	刘才赋
	158	旗人史话	刘小萌
近代中外关系系列（13种）	159	西洋器物传入中国史话	隋元芬
	160	中外不平等条约史话	李育民
	161	开埠史话	杜语
	162	教案史话	夏春涛
	163	中英关系史话	孙庆
	164	中法关系史话	葛夫平
	165	中德关系史话	杜继东
	166	中日关系史话	王建朗
	167	中美关系史话	陶文钊
	168	中俄关系史话	薛衔天
	169	中苏关系史话	黄纪莲
	170	华侨史话	陈民 任贵祥
	171	华工史话	董丛林

系列名	序号	书名	作者
近代精神文化系列（18种）	172	政治思想史话	朱志敏
	173	伦理道德史话	马勇
	174	启蒙思潮史话	彭平一
	175	三民主义史话	贺渊
	176	社会主义思潮史话	张武 张艳国 喻承久
	177	无政府主义思潮史话	汤庭芬
	178	教育史话	朱从兵
	179	大学史话	金以林
	180	留学史话	刘志强 张学继
	181	法制史话	李力
	182	报刊史话	李仲明
	183	出版史话	刘俐娜
	184	科学技术史话	姜超
	185	翻译史话	王晓丹
	186	美术史话	龚产兴
	187	音乐史话	梁茂春
	188	电影史话	孙立峰
	189	话剧史话	梁淑安
近代区域文化系列（二种）	190	北京史话	果鸿孝
	191	上海史话	马学强 宋钻友
	192	天津史话	罗澍伟
	193	广州史话	张磊 张苹
	194	武汉史话	皮明庥 郑自来
	195	重庆史话	隗瀛涛 沈松平
	196	新疆史话	王建民
	197	西藏史话	徐志民
	198	香港史话	刘蜀永
	199	澳门史话	邓开颂 陆晓敏 杨仁飞
	200	台湾史话	程朝云

《中国史话》主要编辑出版发行人

总策划	谢寿光　王　正
执行策划	杨　群　徐思彦　宋月华
	梁艳玲　刘晖春　张国春
统　筹	黄　丹　宋淑洁
设计总监	孙元明
市场推广	蔡继辉　刘德顺　李丽丽
责任印制	岳　阳